Zehn Gebote für erfolgreiche Frauen

Ursula Nuber

Zehn Gebote für erfolgreiche Frauen

Scherz

1. Auflage 2001

Umschlaggestaltung: E. R. Studer, Bern,
unter Verwendung eines Dias
von Tom King/The Image Bank, Zürich

Inhalt

Einleitung
Erfolg: Was ist das eigentlich?
Ansichten und Einsichten

Über Erfolg haben sich schon viele Menschen den Kopf zerbrochen: Philosophen, Wirtschaftsbosse, Politiker, Berater. Sie sollen hier als Erste zu Wort kommen. Mit ihren Ansichten und Einsichten können sie uns einstimmen auf das Thema «Erfolg».

Erfolg ist nur ein Nebenprodukt

«Es ist möglich, Wohlstand, Ruhm, Macht und Status zu suchen. Menschen tun dies die ganze Zeit über. Und es ist möglich, diese Ziele erfolgreich zu erreichen. Aber Wohlstand, Ruhm, Macht und Status kommen nicht zu einer Person aufgrund ihrer eigenen Anstrengungen, wenn dies ihre einzigen Ziele sind. Sie sind vielmehr ein Nebenprodukt anderer Ziele. Ein Fußballspieler wird wohlhabend, weil er ein großer Spieler ist. Eine Managerin wird bekannt aufgrund ihres Geschäftserfolges. Ein Tänzer wird Mitglied eines weltberühmten Ensembles, weil er ein außergewöhnlich kreativer, begabter Künstler ist. Ein ehrenamtlich Tätiger erreicht hohes soziales Ansehen, weil er sich in beispiellosem Einsatz um arme und obdachlose Menschen kümmert. Wohlstand, Macht, Ruhm und Status sind manchmal das soziale Ergebnis des Erfolgs. Aber sie sind niemals das Herz des Erfolges. Deshalb: Wer diese Dinge anstrebt, strebt das Falsche an.

Die glücklichsten Menschen sind jene, die lieben, was sie tun, unabhängig davon, ob damit Reichtum, Ruhm, Macht und soziale Anerkennung verbunden sind.»

Tom Morris, Psychologieprofessor an der University of North Carolina

Erfolg ist Übung plus Anpassung

«In der Schlucht von Lü stürzt der große Wasserfall Tausende von Fuß hinab, und seine Gischt ist meilenweit sichtbar. Unten in den schäumenden Wassern ist nie ein lebendiges Geschöpf erblickt worden.

Als Konfuzius einmal in einiger Entfernung vom Rande des Wasserfalles stand, sah er einen alten Mann, der von den wilden Fluten mitgerissen wurde. Er rief seine Schüler herbei, und zusammen rannten sie, den Ärmsten zu retten. Aber als sie endlich das Wasser erreicht hatten, war der Alte ans Ufer geklettert, spazierte einher und sang vor sich hin. Konfuzius eilte zu ihm. ‹Du müsstest ein Geist sein, um das zu überleben›, sprach er, ‹aber du scheinst doch ein Mensch zu sein. Was für eine geheime Macht besitzt du?›

‹Nichts im Besonderen›, erwiderte der Alte. ‹Ich habe schon in sehr jungen Jahren zu lernen begonnen und immer weiter geübt, während ich heranwuchs. Jetzt bin ich des Erfolgs sicher. Ich gehe mit dem Wasser unter und komme mit dem Wasser wieder hoch. Ich passe mich an und vergesse mich selbst dabei. Ich überlebe, weil ich nicht gegen die Übermacht des Wassers ankämpfe. Das ist alles.»›

*Benjamin Hoff, «Tao Te Puh»**

Erfolg ist Konzentration

«Alle Kunst praktischer Erfolge besteht darin, alle Kraft zu jeder Zeit auf einen Punkt – auf den wichtigsten Punkt – zu konzentrieren und nicht nach rechts noch links zu sehen.»

Ferdinand Lassalle, deutscher Politiker, Publizist und Arbeiterführer

Erfolg ist, was Motivationstrainer dafür halten

«Ob es der Hund ist, den ich mir als Kind so wünschte, der tolle Sportwagen, von dem ich immer geträumt habe, oder ob es sich um das wunderbare Traumhaus mit Schwimmbad, riesigem Garten und vielen sonstigen Annehmlichkeiten handelt – alles, was ich wirklich wollte und woran ich glaubte, es einmal in meinem Leben verwirklichen zu können, ist Realität geworden.»

Jürgen Höller, Motivationstrainer

«Erfolg ist sinnlich. Erfolg ist charmant. Erfolg ist lebenslustig. Erfolg ist erotisch. Erfolg ist einfach zauberhaft.»

Sabine Asgodom, Autorin und Trainerin

* Benjamin Hoff, «Tao Te Puh», © 1984 Synthesis Verlag, Essen

Erfolg ist Anstrengung
«Den Schlüssel zum Erfolg hält man selbst in der Hand! Dies ist das Wichtigste, was es zu erkennen und zu akzeptieren gilt. Nicht alle sind begeistert, wenn man das so deutlich ausspricht; denn diese Erkenntnis könnte in ihrer Folge für den Einzelnen durchaus mit Anstrengung verbunden sein. Wenn der Mensch selbst für seinen Erfolg verantwortlich ist, wird dadurch die Möglichkeit, andere für das eigene Glück zuständig zu erklären, erheblich minimiert.»

Doris Hartmann, Soziologin und Managementberaterin

Erfolg ist Tratkraft
«Was alle erfolgreichen Menschen miteinander verbindet, ist die Fähigkeit, den Graben zwischen Entschluss und Ausführung äußerst schmal zu halten.»

Peter F. Drucker, Autor

Erfolg ist Menschlichkeit
«Wir neigen dazu, Erfolg eher nach der Höhe unserer Gehälter oder nach der Größe unserer Autos zu bestimmen als nach dem Grad unserer Hilfsbereitschaft und dem Maß unserer Menschlichkeit.»

Martin Luther King, amerikanischer Politiker und Geistlicher, Friedensnobelpreisträger

Erfolg hat viele Gesichter. Je nach Standpunkt, Ideologie und Profession fallen die Definitionen unterschiedlich aus. Für die eine ist Erfolg schlicht «zauberhaft», der andere verbindet damit eher Fleiß und Begabung und wieder ein anderer sieht in Weisheit und Menschlichkeit den größten Erfolg. Eines wird bei aller Unterschiedlichkeit der Aussagen allerdings klar: Erfolg können wir nicht nur auf Beruf und Karriere beschränken, wie das in letzter Zeit in unserer Gesellschaft häufig der Fall ist. Das wäre eine zu eingeschränkte Sicht. Deshalb beleuchten die folgenden «10 Gebote für erfolgreiche Frauen» das Thema auch aus ganz verschiedenen Perspektiven. Natürlich spielt dabei beruflicher Erfolg eine wichtige Rolle – gerade für Frauen ist es sehr bedeutsam, wie sie sich in der Öffentlichkeit präsentieren. Doch bleiben die «Gebote» dabei nicht stehen. Sie geben Ihnen vielmehr Hinweise, die Sie in möglichst vielen verschiedenen Lebenssituationen für Ihren Erfolg nutzen können. Ob Sie gerade anfangen, auf der Karriereleiter hochzuklettern, ob Sie überlegen, beruflich kürzer zu treten, ob Sie eine erfolgreiche Hausfrau und Mutter sein wollen oder ob Sie sich ganz allgemein die Frage stellen: ‹Was ist das, ein erfolgreiches Leben?› – Wann immer es darum geht, das Beste aus sich zu machen, können die «10 Gebote für erfolgreiche Frauen» eine hilfreiche Lektüre sein.

Ladenburg, im Frühjahr 2001

Zehn Gebote für erfolgreiche Frauen

I. Du sollst herausfinden, was Erfolg für dich bedeutet

II. Du sollst etwas riskieren

III. Du sollst von den Männern lernen – ausnahmsweise

IV. Du sollst dich auf deine Stärken besinnen

V. Du sollst für dich werben

VI. Du sollst dich mit dem Stress verbünden

VII. Du sollst deine psychischen Schwachpunkte kennen

VIII. Du sollst Mobbing keine Chance geben

IX. Du sollst eingefahrene Bahnen verlassen

X. Du sollst dir zum Motto machen: Weniger ist erfolgreicher

I.

Du sollst herausfinden, was Erfolg für dich bedeutet

Was ist Erfolg? Noch vor wenigen Jahrzehnten wäre die Antwort auf diese Frage eindeutig ausgefallen: Erfolgreich ist, wer sich mit Wissen, Fleiß und Erfahrung einen gewissen Wohlstand erarbeitet – eigene vier Wände, ein Auto, eine gesicherte Altersversorgung, Reisen. Für meinen Vater war es ein Erfolg, sich nach dem Krieg eine neue berufliche Existenz aufzubauen, für meine Mutter war es ein Erfolg, sich nach und nach eine immer größere Wohnung mit immer schöneren Möbeln leisten zu können. Nicht nur die Kriegs- und Nachkriegsgenerationen definierten Erfolg fast ausschließlich materiell, auch heute noch gilt für viele die Formel: Wer erfolgreich ist, verdient eine Menge Geld – wer eine Menge Geld verdient, ist erfolgreich.

Doch hängt das eine wirklich so eng mit dem anderen zusammen? Nicht unbedingt. Nicht jeder reiche Mensch ist automatisch auch erfolgreich. Man denke nur an die vielen jungen Erben, denen das erarbeitete Vermögen ihrer Vorfahren in den Schoß fällt, oftmals ohne dass sie jemals etwas dafür geleistet hätten. Ihr «Erfolg» besteht einzig und allein darin, sich die richtigen Eltern ausgesucht zu haben.

Und umgekehrt gilt auch: Erfolg macht Menschen nicht automatisch reich. Es gibt Erfolge, die sich nicht in Heller und Pfennig auszahlen, deren Wert im Immateriellen liegt. Diese Erfolge machen reich an Erfahrung, Freude, Zufriedenheit und Wohlbefinden, aber sie füllen nicht zwangsläufig das Bankkonto.

Was verstehen Sie persönlich unter Erfolg? Ich vermute, dass Sie sich diese Frage so konkret überhaupt noch nicht gestellt haben. Denn mir erging es ähnlich. Als ich anfing, an diesem Buch zu arbeiten, und darüber nachdachte, was Erfolg denn eigentlich sei, merkte ich, dass mir die Antwort darauf gar nicht leicht fiel. Ist es ein Erfolg, dass ich für mich selber sorgen kann, dass ich einen Beruf habe, der mir Freude bereitet, dass ich von Menschen umgeben bin, denen ich vertrauen kann? Was verstehen andere unter Erfolg? Ich fragte Freundinnen und Kolleginnen. Die Antworten fielen sehr unterschiedlich aus:

- «Für mich war es ein Erfolg, dass ich es geschafft habe, mich von meinem Mann zu trennen.»
- «Mein größter Erfolg sind meine Kinder.»
- «Erfolg? Das ist für mich ein gefülltes Bankkonto. Solange ich keine finanziellen Sorgen habe, bin ich erfolgreich.»
- «Wenn ich Abteilungsleiterin würde – das wäre ein riesiger Erfolg!»
- «Als ich neulich vor einer Gruppe eine Rede hielt, die gut ankam, da fühlte ich mich schon erfolgreich.»

- «Erfolg ist für mich nichts Äußerliches. Ob ich erfolgreich bin, das sagt mir meine Seele. Wenn ich mit mir in Einklang bin, zufrieden, ausgeglichen, das ist für mich Erfolg.»

Ich muss gestehen: Die Antworten waren für mich keine Klärungshilfe. Sie halfen mir nicht, eine eindeutige Definition von «Erfolg» zu finden. Irgendwann gab ich die Suche auf und erkannte: Es kann gar keine eindeutige, für alle Frauen geltende Definition geben. Für jede Frau bedeutet Erfolg etwas anderes: Für die eine besteht Erfolg in materiellen Dingen, in Statussymbolen und Titeln; für eine andere dagegen sind immaterielle Werte wichtiger: Freundschaft, Seelenfrieden, Gesundheit. Und noch etwas erkannte ich: Erfolg kann zu unterschiedlichen Zeiten Unterschiedliches bedeuten. Wenn wir noch jung sind, haben wir andere Erfolgsvorstellungen als später, wenn wir älter sind. Als junge Journalistin fühlte ich mich erfolgreich, als das erste «dicke» Honorar (ich kann mich noch gut erinnern: Es waren 1800 Mark) auf dem Konto einging und ich mir endlich richtige Möbel kaufen konnte. Heute, Jahrzehnte später, ist für mich anderes wichtiger geworden: Ich halte es für einen Erfolg, dass ich in all den Jahren meiner Berufstätigkeit mir selbst treu geblieben bin; dass ich gelernt habe, Wichtiges von Unwichtigem zu unterscheiden; dass mir mein Seelenfrieden mehr bedeutet als Materielles. Jetzt, mit 47 Jahren, formuliert sich langsam ein neues großes Erfolgsziel: Ich will in Würde altern und, wenn es dann mal so weit ist, sagen können: «Es war gut so!»

In welcher Lebensphase Sie im Moment auch stehen mögen, was auch immer Sie gegenwärtig als «Erfolg» bezeichnen – in ihrer Unterschiedlichkeit haben alle «Erfolge» dennoch gemeinsame Elemente: Erfolgreich können wir nur sein, wenn wir ein klares Ziel vor Augen haben, wenn wir Selbstvertrauen besitzen, unseren Erfolg sorgfältig planen und dabei Ausdauer und Enthusiasmus beweisen.

1. Ein klares Ziel

Männer können meist sehr genau erklären und formulieren, was sie für sich selbst erreichen wollen: die nächste Stufe der Karriereleiter, ein besseres Handicap beim Golfspiel, in zwei Jahren ein neues Auto. Sie kennen ihre Ziele, und sie verfolgen sie meist auch konsequent.

Frauen dagegen kennen ihre Ziele oft nicht so genau – weder ihre kurz- noch ihre langfristigen. Dafür gibt es im Wesentlichen zwei Gründe: 1. Sie lassen sich von den Zielen anderer ablenken. Sie unterstützen ihren Mann oder ihre Kinder bei der Verwirklichung ihrer Pläne. 2. Sie sind von den Anforderungen ihrer verschiedenen Rollen – Berufsfrau, Hausfrau, Mutter, Tochter, Schwiegertochter – so in Anspruch genommen, dass sie gar keine Zeit finden, über ihre eigenen Ziele nachzudenken. Ohne ein Ziel gibt es allerdings keinen Erfolg. Alle erfolgreichen Menschen haben ein Merkmal gemeinsam: Sie wissen, was sie wollen, und vertreten ihr Anliegen mit großem Nachdruck. Auch Sie müssen wissen, was Sie für sich erreichen wollen. Und Sie müssen diesem Ziel ausreichend Energie zur Verfügung stellen und dürfen sich nicht verzetteln. Sie brauchen eine möglichst genaue Vorstellung von dem, was Sie erreichen wollen. Sie brauchen eine Vision, einen Traum. «Du musst sehr vorsichtig sein, wenn du nicht weißt, wohin du gehen willst. Möglicherweise kommst du dort nie an», warnt Yogi Berra. Unklare Ziele können in die Irre führen.

Doch sobald Sie wissen, in welche Richtung Sie gehen wollen, werden Sie Prioritäten setzen und Schritt für Schritt an der erfolgreichen Verwirklichung Ihres Zieles arbeiten.

Fragen Sie sich also – und nehmen Sie sich für die Beantwortung dieser Frage ausreichend Zeit:

Wovon träume ich? Was möchte ich gerne erreichen?

Welches Ziel wäre mir wichtig?

Möchte ich

- Karriere machen?
- nach der Kinderphase wieder berufstätig werden?
- finanziell besser abgesichert sein?
- die Scheidung einreichen?
- einen Partner finden, mit dem ich alt werden kann?
- einen Garten anlegen?
- abnehmen und fitter werden?
- mehr Zeit für mich haben?
- eine Familie gründen?

Lassen Sie Ihren Gedanken freien Lauf. Zensieren Sie sich nicht. Sagen Sie nicht: «Das geht nicht.» Erlauben Sie es sich, zu träumen.

Was auch immer sich dabei als Ihr persönliches Ziel herauskristallisiert: Sobald Sie es für sich formuliert haben, werden Sie merken, dass Sie Ihre Gedanken und Ihre Handlungen fast automatisch in den Dienst dieses Zieles stellen.

So erging es mir, als ich mit 18 Jahren feststellte: Es war falsch, mit der mittleren Reife von der Schule abgegangen zu sein. Ich wollte das Abitur nachmachen. Das war mein Ziel. Sobald dieses Ziel einmal formuliert war, interessierte mich alles andere nicht mehr. Weder die Discobesuche, die damals meine liebste Freizeitbetätigung waren, noch meine Arbeit als Sekretärin, noch der junge Mann, den ich aus lauter Langeweile fast geheiratet hätte. Nachdem ich wusste, was ich wollte, kannte ich keine Langeweile mehr. Das Ziel war klar: Ich brauchte einen vernünftigen Bildungsabschluss. Diesem Ziel widmete ich dann vier Jahre lang, Abend für Abend, nach der Arbeit, meine Zeit.

2. Selbstvertrauen

Ich hätte das ganz sicher nicht durchgestanden, wenn ich nicht Gewissheit gehabt hätte, dass ich mein Ziel erreichen kann. Und dies ist das zweite Element, das allen Erfolgsgeschichten gemein ist: Selbstvertrauen. Wir müssen überzeugt davon sein, dass wir unsere Ziele erreichen können. Was auch immer Sie vorhaben – ob Sie Ihren Job wechseln, heiraten, Ihr Hobby zum Beruf machen oder ein neues, herausforderndes Projekt beginnen wollen –, Sie werden nur dann erfolgreich sein, wenn Sie an Ihren Erfolg glauben: «Fähigkeiten und Selbstvertrauen sind eine unschlagbare Armee», hat mal ein kluger Mann gesagt. Wenn Sie von vorneherein schon das Scheitern einkalkulieren, wenn Sie, noch ehe Sie angefangen haben, an all das denken, was schief gehen kann, dann bremsen Sie sich auf dem Weg zum Erfolg selbst aus.

Der amerikanische Psychologe Albert Bandura sprach in diesem Zusammenhang von Selbstwirksamkeit. Menschen, die von ihrer Selbstwirksamkeit überzeugt sind, haben Vertrauen in die eigene Leistungsfähigkeit und sind überzeugt, einer Aufgabe gewachsen zu sein. Wenn Sie diesen Glauben an sich selbst besitzen, dann können Sie sogar Höchstleistungen erzielen. Denn dann denken, fühlen und handeln Sie automatisch anders, als wenn Sie von vorneherein Zweifel an sich selbst und Ihrem Ziel haben.

3. Sorgfältige Vorbereitung

Sie wissen, wie Ihr Ziel aussieht. Sie trauen sich zu, es zu erreichen. Dann gilt es jetzt, sich auf die Frage zu konzentrieren: Was brauche ich, um meine Pläne in die Tat umzusetzen? Erfolglose Menschen haben eines gemeinsam: Sie bereiten sich nicht sorgfältig auf die Reise zum Erfolg vor. Sowenig sinnvoll es ist, ohne Vorbereitung einen Marathon zu laufen, sowenig sinnvoll ist es, ein Ziel ohne ausreichende Vorbereitung anzupeilen. Am besten gelingt es, indem Sie sich zurückziehen und sich mit so wichtigen Fragen auseinander setzen wie: Was will ich erreichen? Wie stelle ich mir die Zukunft vor? Welche Schritte muss ich unternehmen, um das Ziel zu erreichen? Wie sieht der erste, zweite, dritte Schritt aus? Wie viel Zeit werde ich brauchen?

Um bei meinem eigenen Beispiel zu bleiben – sobald ich wusste, dass ich das Abitur nachmachen will, habe ich Informationen gesammelt: Welche Möglichkeiten gibt es? Wie kann ich die Ausbildung finanzieren? Wie viel Zeit muss ich dafür aufbringen? Werde ich noch Freizeit haben? Und ich habe mit Menschen gesprochen, die einen ähnlichen Weg gegangen sind. Sie sagten mir, wo die Fallen liegen, wann es schwer werden wird, wie sie es geschafft haben.

4. Ausdauer

Ein Mann mit einem Geigenkasten unter dem Arm fragt in Manhattan einen Passanten: «Wie komme ich in die Carnegie Hall?» Der Passant schaut ihn aufmerksam an und antwortet dann: «Üben, üben, üben!»

Die meisten ernsthaften Ziele erfordern einen langen Atem. «Ausdauer ist ein wichtiges Element des Erfolges. Wenn Sie nur lang und laut genug an ein Tor klopfen, können Sie sicher sein, dass Sie damit irgendjemanden aufwecken» (Henry Wadsworth Longfellow). Der Psychologe Robert Sternberg hält Durchhaltevermögen ebenfalls für eine wichtige Erfolgsvoraussetzung. In seinem Buch «Erfolgsintelligenz» schreibt er:

«Wenn sich die Dinge nicht sofort ihren Vorstellungen entsprechend entwickeln oder erste Versuche erfolglos bleiben, geben manche Menschen zu schnell auf. Damit nehmen sie sich die Chance, ihre Aufgaben auf möglicherweise höchst angemessene Weise zu vollenden. Ausdauer gehört zu den Grundeigenschaften von Menschen mit Erfolgsintelligenz. Solch ein Durchhaltevermögen muss sich nicht auf berufliche Entscheidungen beschränken. Es kommt auch in anderen Lebensbereichen vor, wenn etwa jemand trotz wiederholter Zurückweisung weiter um einen potenziellen Liebespartner wirbt. Menschen mit Erfolgsintelligenz sind beharrlich.»

Aber, so fügt Sternberg hinzu, sie merken auch, wann ihre Beharrlichkeit ihnen nicht mehr weiterhilft und sie aufgeben müssen.

5. Enthusiasmus

Wir müssen von unserem Ziel begeistert sein. Ohne emotionale Bindung an das, was wir erreichen wollen, werden wir nicht erfolgreich sein. Walter Chrysler, der Gründer des amerikanischen Autokonzerns, meinte einmal: «Das wirkliche Geheimnis des Erfolgs ist Enthusiasmus.» Und der Dichter Ralph Waldo Emerson war davon überzeugt, dass «niemals etwas Großes geschaffen wurde ohne Enthusiasmus». Wenn Sie also ein klares Ziel vor Augen haben – «Ich will weniger arbeiten», «Ich will mich selbstständig machen», «Ich will ein ruhigeres Leben führen» –, dann werden Sie dieses Ziel auch erreichen, wenn Sie sich für Ihren Plan selbst begeistern können. Die Psychologie spricht von «intrinsischer Motivation», womit gemeint ist: Nicht die Aussicht auf äußere Belohnung und Anerkennung treibt uns an, sondern ein innerer, ureigener Wunsch, das Ziel zu erreichen. Wenn Sie beispielsweise abnehmen wollen, weil Ihr Partner das wünscht, dann sind Sie extrinsisch motiviert und werden sich schwer tun, Ihr Ziel zu erreichen. Wollen Sie aber abnehmen, weil Sie sich gerne bewegen und Ihnen dies mit weniger Pfunden auf den Hüften leichter fällt, sind Sie intrinsisch motiviert. Ihre Erfolgschancen sind dann höher, wie auch Erfolgsexperte Robert Sternberg meint: «Im Allgemeinen ist die innere Motivation der äußeren vorzuziehen, da die äußeren Motivationsquellen zum Versiegen neigen. Was dazu führt, dass vorwiegend von außen motivierten Menschen bei schwindenden ‹Prämien› die Motivation eher abhanden kommt. Innerlich motivierte Menschen dagegen sind in der Lage, ihre Motivation über die Schwankungen von Anerkennung und Belohnung hinweg aufrechtzuerhalten.»

Die fünf Faktoren des Erfolges – ein klares Ziel, Selbstvertrauen, sorgfältige Planung, Ausdauer, Enthusiasmus – bilden einen groben Raster, den Sie im Kopf haben sollten, wenn Sie Ihr Leben zum Erfolg machen wollen. Mit den Inhalten der nächsten Gebote können Sie diesen Raster verfeinern.

II.

Du sollst etwas riskieren

Immer noch ist es den Medien eine ganz besondere Erwähnung wert, wenn Frauen etwas riskieren. Jutta Kleinschmidt, die Siegerin der Rallye Paris–Dakar 2001, wurde enthusiastisch gefeiert. Doch fast immer hörte man aus den bewundernden Berichten einen leicht irritierten Unterton heraus: Dass eine Frau das schafft! Dass eine Frau so gut Auto fahren kann! Dass eine Frau so viel riskiert! Na ja, sie hatte ja auch einen erfahrenen Kopiloten, fügten viele Berichterstatter hinzu. Und dieser rückte das Welt- und Frauenbild der Sportreporter wieder zurecht, denn er war ein Mann: Andreas Schulz.

Stefan Raab, pubertär-frecher Moderator der Sendung TV-Total, war nach einem Showkampf mit der Boxerin Regina Halmich ungewohnt kleinlaut. Sie hatte ihn besiegt und ihm dabei das Nasenbein gebrochen. Hatte er nicht mit einer «richtigen» Boxerin gerechnet?

Frauen, die etwas Frauenuntypisches riskieren, fallen nach wie vor auf. Immer noch scheint es die stillschweigende Übereinkunft zu geben, wonach Männer zur See fahren, Berge bezwingen, sich im Kampfe schlagen, Wüsten durchqueren – oder eine Führungsposition einnehmen.

An diese stillschweigende Übereinkunft, wonach es immer noch mehrheitlich die Männer sind, die hinausgehen ins feindliche Leben, scheinen sich viele Frauen unbewusst zu halten. Das bestätigen psychologische Studien: Danach sind Männer deutlich risikofreudiger als Frauen. In den meisten untersuchten Situationen waren Männer eher bereit, ein Risiko einzugehen, während Frauen lieber auf «Nummer Sicher» gingen. Sie riskierten in den Studien sogar dann nichts, wenn es eindeutig klüger gewesen wäre. Damit, so die Psychologen, brachten sie sich aber um wichtige Erfolgserlebnisse.

Mit «Risiko» sind dabei bei weitem nicht solche Heldinnentaten wie die der Rallyefahrerin Jutta Kleinschmidt gemeint. Vielmehr zeigen viele Frauen im ganz normalen Alltag, vor allem in sozialen Situationen, eine große Scheu, sich auf unsicheres Terrain zu begeben.

Zum Beispiel in Gesprächen: Frauen halten sich hier deutlich mehr zurück als Männer. Diese riskieren mehr. Sie sagen, was sie denken, sie vertreten einen Standpunkt, sie äußern Kritik. Ja, sie reden oft dann selbstbewusst, wenn sie eigentlich gar nichts zu sagen haben. Frauen machen erst dann den Mund auf, wenn sie sicher sind, dass das, was sie äußern wollen, auch wirklich durchdacht ist und Hand und Fuß hat. Sie wollen nicht riskieren, etwas Dummes zu sagen. Das aber wirkt auf andere zögerlich, macht Frauen weniger sicht- und einschätzbar.

Auch wenn es darum geht, eine neue, herausfordernde Aufgabe zu übernehmen, überwiegt oft die Angst vor dem

Risiko und dämpft die Freude auf das Neue. Männer sagen «Warum nicht?» und stürzen sich ins Abenteuer; Frauen sagen «Warum ich?» und wägen ab, prüfen das Für und Wider. Je mehr sie überlegen, desto größer wird die Angst vor dem Ungewissen.

Nicht, dass Männer keine Angst vor dem Risiko hätten: Auch ihnen «geht die Muffe», wenn sie sich am Bungeeseil in die Tiefe stürzen, auch sie haben schlaflose Nächte, wenn sie eine neue Aufgabe übernommen haben, ohne recht zu wissen, wie sie diese meistern sollen. Männer wissen durchaus, was Angst ist. Im Vergleich zu Frauen haben sie allerdings einen ungeheuren psychologischen Vorteil. Sie haben von klein auf gelernt, dass es sich lohnt, Gefahren einzugehen und Angst auszuhalten. Mutige Fantasiefiguren wie Batman oder Superman machen ihnen vor, dass man Risiken eingehen muss, damit das Gute siegen kann. Und beim Fußballspielen erfahren schon die ganz kleinen Steppkes, dass der Sieg ihrer Mannschaft auch davon abhängt, wie risikobereit sie selbst sind. Deshalb rennen sie sich die Seele aus dem Leib, tricksen den Gegner aus und nehmen ein schmerzhaftes Foul in Kauf. Sie wissen, wenn sie ihren Weg konsequent gehen, ist ihnen der Sieg sicher. Manchmal geht diese Rechnung nicht auf, sie werden unsanft gestoppt, werden zu Fall gebracht und verletzen sich vielleicht sogar. Aber manchmal gelangen sie auch ans Ziel. Auf diese Weise lernen sie, dass es sich lohnt, etwas zu riskieren. Und sie lernen, ihre Angst vor Schmerzen und Versagen unter Kontrolle zu halten. Wenn sie älter werden, übertragen sie das Gelernte auch auf andere Angstsituationen. Die Mechanismen der Angstbewältigung, die ihnen als kleine Jungen im Zweikampf mit dem Sportskameraden geholfen haben, helfen ihnen später im Konkurrenzkampf mit dem Kollegen.

Jungen lernen, vor dem Risiko nicht zu flüchten, sondern es zu suchen. Situation für Situation erkennen sie, dass sie der damit verbundenen Angst standhalten können. Je öfter sie gefährliche Situationen durchstehen, desto gestärkter gehen sie aus ihnen hervor. Sie lernen, dass Angst Grenzen hat.

Frauen entscheiden sich dagegen häufiger dafür, dem Risiko auszuweichen. Das bringt zwar eine kurzfristige Erleichterung: Die Angst weicht. Doch der Effekt ist hier genau umgekehrt: Je öfter man flieht, desto weniger kann man «Gefahren» aushalten. Die Angst taucht immer schneller wieder auf. Verhaltenstherapeuten sprechen von der «Angst vor der Angst», die beispielsweise Menschen beherrscht, die unter Panikattacken leiden. Wie die Angst vor der Angst entsteht, zeigt folgendes typisches Beispiel: Eine Frau erlebt im Supermarkt einen Schwächeanfall, der sie sehr ängstigt. Als sie das nächste Mal einkaufen geht, befällt sie schon auf dem Parkplatz vor dem Einkaufszentrum ein beklemmendes Gefühl: Sie hat Angst, ihr könnte wieder etwas passieren. Beim nächsten Mal packt sie die Angst schon zu Hause, und sie schickt ihre Tochter zum Einkaufen. Die Angst hat sich verselbständigt: Die Frau hat nicht mehr Angst vor dem Supermarkt, sondern Angst vor der Angst, die sie dort befallen könnte. Hätte sie sich entschieden, die Situation im Einkaufszentrum durchzustehen, wäre sie ihre Angst wahrscheinlich losgeworden. (Therapeuten leiten deshalb Angstpatienten dazu an, sich ihrer Angst zu stellen, ihr nicht auszuweichen – eine Methode, die in den meisten Fällen sehr erfolgreich ist.)

Frauen stehen ihrem eigenen Erfolg oft selbst im Wege, weil die Angst vor dem Risiko sie blockiert. Gleichgültig, ob es um den Abteilungsleiterposten geht oder darum, Vertrautes loszulassen: Es fällt Frauen schwer, ihre Ängste und Bedenken als völlig normal zu akzeptieren und eine Herausforderung anzunehmen. Auf dem Weg zum Erfolg sind sie daher oft sich selbst der größte Feind.

Wie können Sie selbst risikobereiter werden? Wie den Sozialisationsvorsprung der Männer aufholen? Wenn Sie das nächste Mal eine schwierige Entscheidung treffen müssen, sollten Sie, ehe Sie ablehnen, den «Risikocheck» machen:

1. Wenn Sie Angst verspüren, gestehen Sie sich ein, dass es genau diese Angst ist, die Sie blockiert. Alle anderen Gründe, die Ihnen als Gegenargument einfallen mögen, sind meist vorgeschobener Natur: der Partner, die Kinder, die fehlenden Kenntnisse, der Umzug in eine andere Stadt . . . Was immer Sie ins Feld führen: Es handelt sich dabei mit großer Wahrscheinlichkeit um eine Einflüsterung Ihrer eigenen Ängste. Sie können fast hundertprozentig sicher sein: Wenn Ihnen auf ein Angebot prompt ein «Aber» einfällt, dann ist das ein Zeichen dafür, dass Sie das Risiko scheuen.
2. Überprüfen Sie, wie groß das Risiko wirklich ist: Was könnte im schlimmsten Fall passieren? Was wäre, wenn Sie scheiterten? Sobald Sie sich diese Fragen ernsthaft be-

antworten, werden Sie feststellen, dass die Risiken nur in Ihrer Fantasie so ungeheuerlich sind, in der Realität sind sie meist kalkulierbar.

3. Entscheiden Sie sich, der Angst nicht nachzugeben. Werten Sie stattdessen Ihre ängstlichen Gefühle um. Sagen Sie nicht: «Das kann ich nicht! Das wird garantiert schief gehen! Das Risiko ist zu groß!» Sagen Sie sich lieber: «Verständlich, dass ich Angst habe. So etwas habe ich schließlich vorher noch nie ausprobiert. Die Angst ist sogar hilfreich: Sie erhöht meinen Adrenalinspiegel im Blut, und das macht mich aktiv und wachsam.»
4. Hans Jellouschek, dem bekannten Psychotherapeuten und Buchautor, verdanke ich einen Begriff, den ich in ganz besonderem Maße für Frauen hilfreich finde: *vorauseilende Kompetenz.* Damit ist gemeint: Warten Sie nicht, bis Sie sich absolut sicher fühlen und jedes Angstgefühl verschwunden ist. Darauf können Sie unter Umständen lange warten. Glauben auch Sie, wie so viele Frauen, Sie müssten, ehe Sie etwas Neues anpacken, alles schon perfekt beherrschen? Üben Sie so lange Trockenschwimmen, bis Sie überzeugt davon sind, auch im richtigen Wasser nicht untergehen zu können? Doch wie viele Trockenübungen Sie auch machen, das sichere Gefühl will sich nicht einstellen? Wie auch? Solange Sie sich nicht ins Wasser wagen, so lange wissen Sie nicht, was Sie schon können. Manche Experten meinen, dass man mindestens zehn Jahre braucht, bis man auf einem Gebiet wirklich gut ist. Wenn Sie Tennis spielen oder eine andere Sportart be-

geistert ausüben, werden Sie dies bestätigen können: Es dauert lange, bis man wirklich gute Leistungen bringt. Aber wenn Sie nicht spielen, wenn Sie nur Trainerstunden nehmen und sich nicht in einem realen Match erproben, werden Sie nie wissen, wie gut Sie bereits sind oder was noch fehlt. Der Begriff *vorauseilende Kompetenz* bringt es auf den Punkt: In den meisten Fällen wissen und können Frauen genug, um ihre Pläne in die Tat umzusetzen. Das, was ihnen noch an Erfahrung fehlt, lernen sie nur, wenn sie zur Tat schreiten. *Learning by doing* heißt es im Englischen – wir lernen beim Tun.

5. Viele Frauen wollen kein Risiko eingehen, weil sie einem Perfektionszwang unterliegen. Wenn auch Sie zu den 120-Prozentigen gehören, wenn Ihr übertriebener Perfektionismus Sie vom Handeln abhält, sollten Sie sich folgendes Ergebnis einer psychologischen Studie hinter den Spiegel stecken. Der amerikanische Psychologe J. Clayton Lafferty hat über 9000 Berufstätige in leitenden und nicht leitenden Funktionen untersucht und kommt zu dem Schluss: «Perfektionismus hat nichts mit dem Bemühen zu tun, etwas Perfektes zu leisten. Perfektionismus ist vielmehr eine Illusion, der Wunsch, einen guten Eindruck zu machen.» Weil das Selbstwertgefühl von Perfektionisten mit einer fehlerlosen Leistung verknüpft ist, vergeuden sie oft viel zu viel Zeit mit nebensächlichen Details und widmen Projekten unnötig viel Energie. Perfektionisten, so der Psychologe, sind häufig das Gegenteil von dem, was sie sein möchten: Sie sind unproduktiv.

6. Fürchten Sie sich nicht vor Fehlschlägen. Wenn Sie ein Risiko eingehen, dann kann es natürlich passieren, dass der Erfolg ausbleibt: Sie scheitern, etwas klappt nicht wie geplant, Sie haben sich oder auch andere falsch eingeschätzt. Wunderbar! Denn Fehlschläge sind die beste Methode, um etwas hinzuzulernen. Für den langfristigen Erfolg ist das Scheitern eine wichtige Erfahrung. Es ist auf jeden Fall besser, etwas riskiert zu haben und zu scheitern, als es erst gar nicht versucht zu haben. Erfolgreiche Menschen, so der Psychologe Robert J. Sternberg, «machen Fehler, aber sie machen niemals den gleichen Fehler zweimal. Sie korrigieren ihre Fehler und lernen aus ihnen.» Und er fügt hinzu: «Der Erfolg stellt sich unter Umständen erst nach einer langen Reihe von Enttäuschungen und Fehlschlägen ein.» Ein Risiko einzugehen heißt also auch: Sie brauchen Geduld und Ausdauer, eine hohe Frustrationstoleranz und die Gewissheit, dass Sie kompetent genug sind, um den einmal eingeschlagenen Weg auch weiterzugehen.
7. Und schließlich: Wer sagt denn, dass Sie jedes Risiko alleine tragen müssen? Erfolgreiche Menschen haben meist ein Netzwerk an Unterstützern, Förderern, Gleichgesinnten, auf deren Kompetenz und Rat sie sich stützen. Das können Sie auch: Besprechen Sie Ihre Pläne mit wohlgesinnten Freunden; erkundigen Sie sich, wer schon Ähnliches gewagt hat und welche Erfahrungen er oder sie damit gemacht hat. Gleichgültig, ob Sie eine neue Lebensform riskieren oder den Job wechseln wollen: Irgendwer vor Ihnen hat diesen Schritt schon getan.

III.

Du sollst von den Männern lernen – ausnahmsweise

Wenn Frauen etwas erreichen wollen, müssen sie denken und handeln wie ein Mann. Das ist eine weit verbreitete Ansicht. Ich teile sie nicht, jedenfalls nicht in dieser Absolutheit. Vielmehr bin ich der Meinung, dass wir unsere Ziele nur dann zu unserer vollsten Zufriedenheit erreichen können, wenn wir uns auf dem Weg dahin nicht verbiegen lassen. Sobald wir versuchen, «wie ein Mann» zu handeln, werden wir unecht, verleugnen unsere Qualitäten und Stärken und riskieren, dass der Erfolg auf der Strecke bleibt. Lange Zeit hielt ich es für ein zweifelhaftes Kompliment, wenn ein Mann über eine Frau sagte: «Sie ist wirklich gut. Und dabei so weiblich geblieben.» Ich wertete den Hinweis auf die Weiblichkeit als Herabsetzung der Leistung. Heute denke ich nicht mehr so kritisch darüber. Im Gegenteil: Wenn es einer Frau gelingt, Kompetenz mit Weiblichkeit in Einklang zu bringen, wenn sie es schafft, trotz hartem Konkurrenzkampf nicht selbst zu verhärten, wenn sie sich bei allem, was sie tut, treu bleiben kann, dann ist sie eine wirklich erfolgreiche Frau. Es kann also nicht darum gehen, zu werden wie ein Mann. Was aber nicht heißt, dass wir den Männern nicht ein paar Geheimnisse abluchsen können, die uns den

Weg zum Erfolg etwas einfacher machen. Manches können wir durchaus von ihnen lernen:

- *Wie man aus einem «Nein» ein «Ja» macht*

Wenn ein Mann erlebt, dass sein Vorschlag abgelehnt wird, seine Forderungen abgeschmettert, seine Pläne nicht realisiert werden, dann reagiert er darauf anders als wir Frauen. Hören wir ein «Nein», dann halten wir dieses Nein für endgültig. Oft nehmen wir die Ablehnung persönlich, glauben, dass das Nein unseren Fähigkeiten gilt – und ziehen daraus meist nur eine Konsequenz: Wir treten den Rückzug an. Verkriechen uns im Schneckenhaus. Grübeln darüber nach, was wir wohl falsch gemacht haben.

Anders ein Mann: Für ihn hat ein «Nein» eine vielschichtigere Bedeutung. Es kann heißen: «Im Moment nicht, vielleicht später» oder «Gründe, die jetzt dagegen sprechen, sind später möglicherweise nicht mehr vorhanden» oder «Ich war gut, aber nicht gut genug – also: Zurück in die Ausschüsse». Für Männer ist eine Ablehnung eine wichtige Information, mit der sie weiterarbeiten. Sie geben ihre Ideen und Vorstellungen nicht sofort auf, nur weil sie im Moment damit nicht durchdringen. Sie entwickeln sie weiter und vertrauen darauf, dass der richtige Zeitpunkt schon noch kommen wird.

Wenn also die Vorgesetzte eine Gehaltserhöhung ablehnt, dann heißt das nicht, dass Sie es nicht zu einem späteren Zeitpunkt, vielleicht mit besseren Argumenten, noch mal versuchen können.

Wenn Sie zum ersten Mal eine Rede vor größerem Publikum halten und diese nicht so gut ankommt, wie Sie es sich erhofft haben, dann heißt das nicht, dass das die letzte Rede Ihres Lebens war. Nehmen Sie es in solchen Fällen «wie ein Mann»: Der weiß – zum Beispiel aus dem Sport –, dass es immer eine Chance für ein Comeback gibt.

Das «Geheimnis» der Männer: Sie führen Erfolg auf ihr eigenes Können zurück. Geht etwas schief, dann machen sie die Umstände oder andere Menschen dafür verantwortlich. Damit schützen sie ihr Selbstwertgefühl und können ihr Ziel relativ unbeeindruckt von der Niederlage noch mal in Angriff nehmen.

- *Wie man seinen Mund aufmacht*

Wahrscheinlich kennen Sie Situationen wie diese: Der Chef hat seine Mitarbeiter zusammengerufen und präsentiert überraschend ein neues Projekt. Dann will er von den Anwesenden wissen, was sie davon halten, welche Vorschläge ihnen dazu einfallen. Dreimal dürfen Sie raten, wer wahrscheinlich das Wort führt: ein Mann. Er redet, als ob er sich schon lange Gedanken über die Angelegenheit gemacht hätte, und er hat auch keine Angst davor, eventuell etwas Dummes zu sagen. Selbst das würde ihm nicht schaden. Der Vorgesetzte merkt sich ohnehin nur, wer etwas gesagt hat, wer sich aktiv beteiligt hat. Was gesagt wurde, ist für ihn zu diesem Zeitpunkt zweitrangig. Schweigen die Frauen am Tisch, weil sie sich unvorbereitet und nicht kompetent genug fühlen, dann wird beim Chef genau dieser Eindruck bleiben: Den Frauen ist dazu nichts eingefallen, aber die Herren Müller und Maier wirkten sehr engagiert.

Wollen Sie Ihre Ziele erreichen, dann müssen Sie den Mund aufmachen. Auch dann, wenn Sie eigentlich erst mal gründlich nachdenken möchten. Beobachten Sie die Männer. Sie werden merken, die kochen alle nur mit Wasser, und oftmals produzieren sie nur heiße Luft. Negative Konsequenzen hat das nicht. Im Gegenteil: Wer redet, wird wahrgenommen. Wer zu lange schweigt, wird übergangen.

- *Wie man tut, wonach einem ist*

Frauen fragen: «Darf ich Ihnen eine Frage stellen?», oder: «Darf ich Sie kurz unterbrechen?»

Frauen setzen sich selbst herab: «Wahrscheinlich ist diese Idee nicht besonders originell . . .»

Frauen signalisieren Unsicherheit: «Ich möchte mich nicht aufdrängen . . .»

Männer dagegen tun, wonach ihnen gerade ist: Wenn sie eine Frage stellen wollen, dann fragen sie. Wenn sie jemanden unterbrechen wollen, dann unterbrechen sie ihn. Wenn sie eine Idee haben, dann preisen sie sie an. Und wenn sie wollen, dass man sie anhört, drängen sie sich dazwischen. Sie wissen, dass sie ein Recht dazu haben. Und sie nehmen sich dieses Recht. Auch Frauen haben das Recht dazu. Aber sie wagen es nicht, auf diesem Recht zu bestehen. In einer Ausbildungsgruppe erlebte ich immer wieder, dass sich «gestandene» Frauen, allesamt erfolgreich in ihren Berufen, wie in der Schule mit Handheben zu Wort meldeten und erst dann sprachen, wenn der Gruppenleiter ihnen das Wort erteilte. Die Männer platzten mit ihren Wortbeiträgen einfach los. Selbst die Anmerkung des Leiters, es sei nicht notwendig, sich zu «melden», konnte an diesem Verhalten der Frauen nichts ändern.

Frauen sollten nicht reden wie ein Mann. Aber sie sollten sich zu Wort melden wie ein Mann.

- *Wie man mit Leuten auskommt, die man eigentlich gar nicht mag*

Ich wundere mich immer wieder über männliche Kollegen. Hinter vorgehaltener Hand ziehen sie über einen anderen Kollegen her, halten ihn für inkompetent, intrigant, unzuverlässig. Doch bei der nächsten Konferenz sitzen sie einträchtig nebeneinander und ziehen am selben Strang. In großem Einvernehmen diskutieren sie Projekte, sichern sich gegenseitig Unterstützung zu – man könnte glauben, sie seien die engsten Freunde.

Frauen fällt ein derartiges Rollenspiel sehr schwer. Sie können oft nur mit großer Anstrengung ihre Antipathien verhehlen. Man sieht es ihnen regelrecht an, wie sich die Nackenhaare sträuben, wenn eine bestimmte Person in ihre Nähe kommt. Lieber verzichten sie auf die Teilnahme an einem bestimmten Projekt, als sich mit einer unsympathischen Person an einen Tisch zu setzen.

Männer sind da viel pragmatischer: Ihnen gelingt es besser, private Gefühle am Arbeitsplatz außen vor zu lassen (siehe auch Gebot Nr. 8). Sie betrachten Kolleginnen und Kollegen oft nur nach dem Nutzenaspekt: Brauch ich ihn oder sie für meine Ziele? Kann er oder sie mir behilflich sein? Wenn ja, arrangieren sie sich. Wenn nein, lassen sie die Person links liegen. Umgekehrt unterstützen Männer auch die Anliegen ihrer «Feinde», wenn sie darin für sich einen Sinn sehen. Frauen dagegen lassen zu häufig ihre Bauchgefühle entscheiden. Und stehen damit oftmals ihrem eigenen Erfolg im Weg.

Wie zum Beispiel meine Freundin Elke: Sie arbeitet als selbstständige Werbegrafikerin und konnte sich in den letzten Jahren einen sehr guten Namen in der Branche machen. Je größer und zahlreicher die Aufträge wurden, desto notwendiger war es, dass sie Assistenten einstellte. Was sie auch tat. Nur wählte sie diese nicht nach ihrem Können aus, sondern ausschließlich nach Sympathie: «Wir arbeiten schließlich so eng zusammen. Da müssen wir uns doch menschlich verstehen», rechtfertigte sie ihr Vorgehen. Spaß hatte sie immer mit ihren Assistentinnen und Assistenten, Hilfe und Unterstützung fand sie nur selten in ihnen. Im Gegenteil: Ihre Vorliebe für «Freaks» und für Menschen mit Problemen hielt sie sogar vom Arbeiten ab. Denn oft saß sie nächtelang mit ihren Problemfällen zusammen und hörte sich deren Sorgen an.

Einem Mann passiert so etwas nicht so schnell. Er trennt klar zwischen Arbeit und Privatleben.

- *Wie man Unsicherheiten verbirgt*

Die meisten Männer reden eloquent und gerne über ihre Erfolge. Manche sind regelrechte Meister im Selbstlob, falsche Bescheidenheit kennen sie kaum. Doch es gibt Situationen, da können sie schweigen wie ein Grab: Wenn sie sich unsicher fühlen, wenn sie glauben, einen Fehler begangen zu haben.

Frauen verhalten sich genau umgekehrt: Haben sie Erfolg, dann gehen sie vornehm darüber hinweg. Fühlen sie sich unsicher oder haben sie Angst vor einer neuen Herausforderung, dann können sie ihren Mund nicht halten. Sie scheuen sich nicht, ihre Sorgen und Befürchtungen anderen mitzuteilen. Sie machen aus ihrem Herzen keine Mördergrube. Männer dagegen tragen eine Maske: Natürlich haben auch sie schlaflose Nächte, wenn sie nicht wissen, wie sie ein Problem lösen oder eine Aufgabe bewältigen sollen. Aber sie binden dies am nächsten Morgen nicht dem Kollegen auf die Nase. Sie wollen sich schließlich keine Blöße geben. Frauen dagegen präsentieren bereitwillig ihren wunden Punkt – und machen sich dadurch verletzbar.

Folgendes Beispiel halte ich für typisch: In einem mittelständischen Unternehmen wurde endlich ein Abteilungsleiterposten mit einer Frau besetzt – einer sehr kompetenten Frau, die, anders als ihre männlichen Kollegen, sogar einen Doktortitel aufweisen konnte. Sie hatte die Aufgabe, eine völlig marode Abteilung wieder auf Vordermann zu bringen, und dafür gewährte man ihr größtmögliche Entscheidungsfreiheit. Die aber nutzte sie nicht: Angesichts der wirklich schweren Aufgabe verunsichert, suchte sie vor jeder Entscheidung Rat bei ihren männlichen Kollegen. Welches Bild diese bald von ihr hatten, dürfte nicht schwer zu erraten sein: «völlig überfordert», «entscheidungsschwach», «inkompetent» lauteten die Urteile der Kollegen, die sich in ihrer Haltung – «Eine Frau packt so einen Posten nicht!» – bestätigt fühlten.

Die Unsicherheit der Abteilungsleiterin ist verständlich. Auch einem Mann hätten sehr wahrscheinlich in einer solchen Situation die Knie gezittert. Aber er hätte sich gehütet, dies seinen direkten Kollegen zu zeigen. Ein Mann hätte Rat und Unterstützung außerhalb der Firma gesucht, um nur ja kein schwaches Bild zu liefern.

Frauen können auch in diesem Punkt von Männern lernen: Schwäche und Unsicherheiten sind kein Manko. Es ist aber ein Fehler, sie den falschen Menschen gegenüber zu zeigen. Holen Sie sich Hilfe und Rat – zum Beispiel von einem Coach – aber nicht von Ihren unmittelbaren Kollegen und Kolleginnen.

- *Wie man konkurriert*

Wenn Sie erfolgreich sein wollen, dann kommen Sie auf Dauer nicht darum herum, mit anderen in Konkurrenz zu treten: mit Kolleginnen und Kollegen, aber auch mit Ihrem Partner, der vielleicht gerne der einzig Erfolgreiche in der Familie wäre. Für Konkurrenz und Wettbewerb aber braucht man ein gewisses Maß an Aggressivität und Durchsetzungsvermögen. Und darin sind Männer uns Frauen eindeutig überlegen. Immer noch. Denn schon als Jungs üben sie diese Eigenschaften ein. Bereits im Kindergarten versuchen sie, über Raufereien und spielerische Auseinandersetzungen Rangordnungen herzustellen – ein Verhalten, das sich durch die gesamte männliche Sozialisation zieht: Wegschubsen, einen Konkurrenten aus der Gruppe vertreiben, Reden schwingen, sich aufspielen, auf sich aufmerksam machen – all dies sind Verhaltensweisen, die Psychologen sehr viel häufiger und selbstverständlicher bei Jungen beobachten können, selten, wenn überhaupt, bei Mädchen. Diese legen weniger Wert auf Durchsetzung als auf Akzeptanz und Anerkennung. In reinen Mädchengruppen lassen sich daher Rangordnungen auch nur indirekt erkennen: Mädchen, deren Rat gehört wird oder die als Spielkameradinnen beliebt sind, haben mehr Geltung als andere. Diesen indirekten Stil behalten Frauen auch später bei und haben damit in rein weiblichen Gruppen keine Probleme. In gemischtgeschlechtlichen Gruppen sind sie damit aber schnell auf der Verliererseite. «Regelmäßig kommt es zu einer Dominanz der Männer über die Frauen, oder zumindest sind die Männer im Vorteil, und die Frauen geraten ins Abseits», stellen Rolf Wunderer und Petra Dick in ihrer Studie «Frauen im Management» fest.

Wollen wir erfolgreich sein und nicht ins Abseits geraten, müssen wir konkurrieren. Wenn wir etwas besser können als jemand anderer, dann müssen wir das zeigen. Wenn wir einen Posten möchten, auf den auch eine andere Person «scharf» ist, dann müssen wir um diesen Posten kämpfen. Wenn wir mehr Zeit brauchen, um unsere Ziele verwirklichen zu können, dann dürfen wir nicht darauf warten, dass unsere Familie uns diese Zeit schenkt. Wir müssen sie uns nehmen.

Viele Frauen denken: «Das kann ich nicht», «Das liegt mir nicht», «Das ist mir zu primitiv». Doch wenn wir nachdenken, müssen wir zugeben, dass auch uns Konkurrenzverhalten gar nicht so fremd ist. Allerdings war es uns bislang nur erlaubt, untereinander zu konkurrieren, und dort nur um ganz eng umschriebene Gebiete: um Männer, um ein attraktives Äußeres, um wohl erzogene Kinder, um den schönsten Vorgarten, die gepflegteste Wäsche. (Sie erinnern sich vielleicht noch an die Lenor-Werbung, in der die Hausfrau von ihrem schlechten Gewissen unter Druck gesetzt wurde, weil ihre Wäsche nicht flauschig genug war.) Diese Art von Konkurrenz ist uns vertraut. Wir haben aber nicht gelernt, um eigener, selbst gewählter Ziele willen mit anderen in Konkurrenz zu treten, schon gar nicht mit dem männlichen Geschlecht.

Wir Frauen können von Männern lernen, dass Konkurrenz an sich weder gut noch schlecht ist. Sie kann konstruktiv sein, sie kann aber auch destruktiv ausarten. Wir haben oft die destruktiven Auswüchse im Kopf, wenn wir sagen: «Konkurrenz, nein danke!» Wollen wir unsere Pläne realisieren und unsere Ziele erreichen, müssen wir ein konstruktives Konkurrenzverhalten entwickeln. In allen einschlägigen Studien zeigt sich: Frauen sind kooperativer als Männer, sie haben mehr Einfühlungsvermögen und sind von daher bessere Teamarbeiterinnen und auch bessere Führungskräfte. Wenn wir diese Stärken mit einem gesunden Maß an Konkurrenzdenken verbinden, dann sind wir unschlagbar.

- *Wie man guten Gewissens blufft*

Viele Frauen leiden am «Hochstapler-Syndrom»: Wann immer sie Hervorragendes geleistet haben, wann immer sie Lob ernten oder merken, dass andere ihnen sehr viel zutrauen, befällt sie eine eigenartige Lähmung. Gedanken wie «Die können mich doch gar nicht meinen», «Die müssen sich irren», «Das war doch nur Zufall, dass mir das gelungen ist» schwirren wie ein irre gewordener Bienenschwarm durch ihr Gehirn und verhindern jeden vernünftigen Gedanken. Die Angst, dass andere schon bald merken werden, dass alles Lug und Trug ist, vermasselt Frauen nicht nur die Freude am eigenen Können, sie untergräbt auch ihr Selbstvertrauen.

Männer kennen dieses Gefühl auch. Nur gehen sie vollkommen anders damit um. Sie wissen, dass sie oft gar nichts wissen. Aber sie tun so, als ob sie alles im Griff hätten. Sie finden nichts dabei, ein wenig zu bluffen, denn sie vertrauen darauf, dass sie sich das Fehlende schon noch aneignen werden. Männer sind gut im Improvisieren, und sie sind stolz darauf. Weil sie im Grunde genau wissen, wie fähig sie sind, können sie es sich leisten, kleinere Unsicherheiten und Mängel zu vertuschen.

Auch für Frauen wäre es eine ungeheure Erleichterung, wenn sie spielerischer mit ihren Unsicherheiten umgehen könnten. Dazu brauchen sie natürlich ein gesundes Selbstvertrauen, auf dessen Basis sie dann mit wahrem Spaß bluffen, tricksen und hochstapeln können.

Entscheidend ist, wie wir von uns selbst denken: Schämen wir uns, weil wir glauben eine Hochstaplerin zu sein, wird der Boden unter unseren Füßen immer schwanken. Halten wir uns dagegen augenzwinkernd für eine listige kleine Gaunerin, die sehr geschickt im «Als-ob-Spiel» ist, und machen wir uns gleichzeitig klar, dass selbst sehr erfolgreiche Menschen nicht immer alles wissen, dann haben wir die nötigen Luftpolster, auf denen wir unbeschwert dem Erfolg entgegenschreiten können.

Wir können also einiges lernen von den Männern. Sie beherrschen ein paar sinnvolle Strategien und Verhaltensweisen, die auch für unseren Erfolg nützlich sind. Voraussetzung ist allerdings, dass wir sie in unseren ganz persönlichen, weiblichen Stil integrieren. Wir sollten unsere männliche Seite ausbauen, aber wir müssen deshalb nicht unsere weibliche Seite verleugnen. Gleichberechtigung sollte unser Ziel sein, nicht Gleichmacherei. Deshalb dürfen wir bei unserem Studium der männlichen Welt unsere eigenen Qualitäten nicht aus den Augen verlieren. Um die geht es im nächsten Gebot.

IV.

Du sollst dich auf deine Stärken besinnen

«Frauen sind die besseren Vorgesetzten. Zu diesem Ergebnis kommt eine Forschergruppe der Universität Aachen. Für Frauen bedeutet Macht danach in erster Linie Verantwortung, für Männer dagegen vor allem Herrschaft. Zu den positiven Führungseigenschaften der Frauen zählen Engagement für die Untergebenen, Teambewusstsein und Kontaktstärke. Fähigkeiten, die Männer in teuren Managementkursen oft erst lernen müssen.»

informationen für die frau

Frauen können, wie im dritten Gebot aufgezeigt, von Männern einiges abschauen. Doch umgekehrt verfügen auch Frauen über Fähigkeiten und Stärken, die Männern fehlen oder die sie nicht genügend entwickeln konnten. Zahlreiche Studien belegen: Frauen sind kooperativer, einfühlsamer als Männer – sie sind emotional intelligenter. Psychologen betonen, dass dieser Vorsprung nicht angeboren, sondern ein Ergebnis der unterschiedlichen Sozialisation von Männern und Frauen ist. Traditionell zuständig für Kindererziehung und Beziehungsmanagement, mussten Frauen lernen, die Signale anderer wahrzunehmen und zu entschlüsseln. Ein weiterer Grund ist das Machtgefälle zwischen den Geschlechtern: Frauen als das jahrhundertelang schwächere Geschlecht taten gut daran, die Emotionen und Gedanken der Stärkeren zu erkennen. Noch heute gelingt es Frauen besser, sich in die Stimmungslage eines Mannes einzufühlen, als umgekehrt – was in vielen Beziehungen zu Unzufriedenheit bei den Frauen führt. Männer dagegen hatten es nie nötig, sich um den Gefühlshaushalt anderer Sorgen zu machen. Bis heute gilt es als eher unmännlich, Gefühle zu zeigen und ihnen eine zu große Bedeutung beizumessen. Das ist etwas für «Sitzpinkler» und «Frauenversteher», also nichts für einen «richtigen» Mann. Wenn sie wollten, könnten natürlich auch Männer eine ebenso ausgeprägte emotionale Intelligenz besitzen wie Frauen. Das aber würde viel Lernen und Training voraussetzen, das viele Männer nicht auf sich nehmen wollen – oder erst auf sich nehmen, wenn ihr eigener Erfolg davon abhängt.

Hierin liegt unsere Chance.

Gleichgültig, ob wir eine Führungsposition ergattern oder unseren Kindern eine liebevolle, kompetente Mutter sein wollen, ob wir in unserem Alltagsleben erfolgreich Beziehungen zu anderen Menschen knüpfen oder mit uns selbst im Reinen sein wollen – unser Vorsprung an emotionaler Intelligenz kann eine unermessliche Hilfe sein.

Was kann eine emotional intelligente Person? Worin unterscheidet sie sich von emotional weniger Begabten?

- Wenn Sie emotional kompetent sind, dann vertrauen Sie

Ihren eigenen Gefühlen. Sie wissen, wann Sie wütend oder traurig, begeistert und berührt sind. Sie wissen immer, was mit Ihnen los ist, Sie unterdrücken Ihre Emotionen nicht. Sie lassen die gesamte Bandbreite der Gefühle zu. Männern ist dies oft nicht möglich. Sie haben früh gelernt, dass Wut und Aggression akzeptiert werden, nicht aber so «unmännliche» Gefühle wie Traurigkeit, Angst oder Einsamkeit. Männer entwickeln häufig «Maschengefühle». So werden in der Transaktionsanalyse Emotionen bezeichnet, die einem Kind erlaubt waren. Mit der Zeit lernt das Kind, nur noch die erlaubten Gefühle zuzulassen – alle anderen werden unterdrückt. Irgendwann ist es dann nicht mehr in der Lage, andere als die von den Erwachsenen akzeptierten Gefühle zu erkennen. Wenn zum Beispiel ein Junge Wut und Aggression zeigen durfte, aber auf keinen Fall Traurigkeit oder Angst, dann werden Wut und Aggression zu seinen «Maschengefühlen». Diese kann er ohne Schwierigkeiten «abrufen», er hat keine Probleme damit, sie auszudrücken. Das Problem ist nur: Er zeigt sie auch in Situationen, in denen er eigentlich etwas ganz anderes fühlt. So reagiert er mit wütendem Jähzorn, wenn seine Frau beschließt, sich in ihrem Beruf fortzubilden. Sein wahres Gefühl ist Angst – Angst, sie könnte ihn verlassen, Angst, er könnte für sie überflüssig werden. Doch Angst zu zeigen, das hat er verlernt. Alles, was er kann, ist wütend werden. Zu anderen Gefühlsäußerungen ist er nicht in der Lage. Natürlich können auch Frauen Maschengefühle entwickeln.

Zum Beispiel ist es Mädchen eher erlaubt, zu weinen und «süß» zu sein, nicht aber, wütend und aggressiv zu werden. In der Regel aber sind Frauen viel besser in der Lage, ihre Gefühle zu erkennen.

- Nicht nur das: Wenn Sie eine emotional intelligente Person sind, können Sie mit Ihren Gefühlen auch *angemessen umgehen*. Wenn Sie emotionale Intelligenz besitzen, dann werden Sie nicht jähzornig ausrasten, wenn irgendetwas schief läuft. Ernten Sie Kritik vom Chef, dann werden Sie nicht vor ihm in Tränen ausbrechen. Ebenso wenig werden Sie im Büro auf dem Schreibtisch tanzen, wenn Sie erfolgreich waren (das tun Sie dann zu Hause, in den eigenen vier Wänden). Gefühle angemessen ausdrücken heißt: Sie sind in der Lage, Ihre Emotionen zu kontrollieren und sie der Situation angemessen zu zeigen. Der Psychologe Daniel Goleman, der zwar nicht der Erfinder der «Emotionalen Intelligenz» ist (das waren die Psychologen Peter Salovey und John Mayer), der diesen Begriff aber durch sein gleichnamiges Buch sehr populär gemacht hat, spricht von «Selbststeuerung», zu der emotional intelligente Menschen fähig sind: «Wer sich emotional selbst steuert, kann mit seinen Affekten gut umgehen, verhält sich gewissenhaft und fühlt sich auch in mehrdeutigen und unsicheren Situationen nicht überfordert. Menschen mit hoher Selbststeuerung erleben zwar während eines Streites genauso schlechte Stimmungen wie jeder andere. Sie finden aber Wege und Mittel, diese zu kontrollieren oder in andere Bahnen zu lenken.»

- Als emotional intelligente Frau liegt Ihre besondere Stärke darin, sich in die Gefühlswelt anderer einfühlen zu können. Das heißt nicht, dass Sie vor lauter Einfühlung vor Mitleid zerfließen, mit dem anderen in Tränen ausbrechen oder sich in einen Freudentaumel hineinziehen lassen. Einfühlung bedeutet vielmehr, zu verstehen, wie und warum sich der andere gerade so fühlt, und angemessen zu reagieren. Empathie erfordert konzentrierte Aufmerksamkeit. Sie müssen genau hinhören können und auch nonverbale Signale – wie Gesichtsausdruck, Stimmlage, Gestik – richtig interpretieren.
- Schließlich sind Sie als emotional intelligente Person in der Lage, sich zu Ihren Fehlern und Schwächen zu bekennen. Sie haben keine Probleme damit, sich zu entschuldigen, wenn Sie jemanden verletzt oder ihm Unrecht getan haben. Umgekehrt sind Sie auch fähig, die Entschuldigungen anderer anzunehmen. Sie sind nicht nachtragend oder langfristig gekränkt. Denn Sie wissen, dass Sie damit nur sich selbst Schaden zufügen.

Zahlreiche Studien bestätigen, dass Frauen «von Haus aus» einen besseren und schnelleren Zugang zu ihren eigenen und den Gefühlen anderer haben und dadurch Männern überlegen sein können. So belegen die Ergebnisse der Untersuchungen beispielweise, dass Frauen in folgenden Bereichen besser abschneiden als Männer:

- Sie können Probleme besser lösen.
- Sie reagieren flexibler auf Veränderungen.

- Sie können besser zuhören.
- Sie sind kommunikativer, informieren andere besser.
- Sie bieten mehr Rat und Unterstützung an.
- Sie loben häufiger.
- Sie fördern andere bereitwillig.
- Sie fällen keine einsamen Entscheidungen, sondern beziehen andere mit ein.

Die Studien zeigen aber auch: Frauen wissen oft nichts von diesen Stärken, oder sie messen ihnen nicht so großen Wert bei. Das liegt nicht zuletzt daran, dass die besondere emotionale Kompetenz von Frauen in den letzten Jahrzehnten als wenig wertvoll, ja sogar als schädlich für die Gleichberechtigung abqualifiziert wurde. Ihr zu großes Einfühlungsvermögen, so hieß es in allen möglichen Veröffentlichungen, stünde den Frauen im Weg. Ihre eigenen Bedürfnisse würden auf der Strecke bleiben, weil sie sich zu sehr um andere kümmerten. Frauen seien zu selbstlos und zu uneigennützig und würden andere Menschen wichtiger nehmen als sich selbst.

Das ist natürlich nicht falsch. Selbstlosigkeit, sich selbst nicht wichtig nehmen, die eigenen Bedürfnisse nicht kennen, das sind in der Tat schwere Fesseln für Frauen. Doch die Kritik an den «gefühligen» Frauen ist in weiten Teilen zu undifferenziert ausgefallen. Das hat dazu geführt, dass wir Frauen unsere besonderen weiblichen Stärken nur noch als Schwäche ansahen und sie, so gut wir konnten, bekämpften. Wir hielten unsere emotionalen Fähigkeiten für hemmenden Ballast, den wir abwerfen mussten, wollten wir uns selbst verwirklichen. Damit taten wir uns keinen Gefallen. Denn unsere emotionale Kompetenz ist ein wichtiger Teil unserer Identität. Wir sollten diese Seite in uns nicht bekämpfen und unter Verschluss halten. Denn in sehr viel größerem Maße als Männer brauchen wir Frauen die Bindung an andere Menschen. Die anderen sind für unser Selbstwertgefühl ungeheuer wichtig. Deshalb sollten wir unsere emotionale Stärke nicht als Schwäche bekämpfen, sondern sie selbstbewusst und bewusst einsetzen. Wenn wir anerkannt und akzeptiert werden wollen, dann müssen wir zuallererst uns selbst anerkennen und akzeptieren und einen Stolz entwickeln auf unsere ganz besonderen Fähigkeiten.

Neben dem eigenen seelischen Wohlbefinden gibt es noch einen weiteren Grund, warum wir unsere emotionale Kompetenz als Pluspunkt herausstellen sollten. In den letzten Jahren wurde die Wirtschaft zunehmend aufmerksam auf weibliche Qualitäten: Unternehmer wissen inzwischen, dass sie Persönlichkeiten brauchen, die nicht nur fachlich, sondern auch emotional kompetent sind. Spätestens seit dem Erfolg des Buches «Emotionale Intelligenz» von Daniel Goleman ist klar, dass ein Mensch noch so klug und begabt sein kann, er wird nicht wirklich erfolgreich sein, wenn ihm emotionale Intelligenz fehlt. Unternehmen achten deshalb längst nicht mehr nur auf die fachlichen Qualitäten eines Bewerbers, sondern auch auf seine emotionalen: Ist er teamfähig? Kann er sich in andere einfühlen? Passt er oder sie charakterlich zu den anderen Kollegen?

Angesichts der Bedeutung, welche die Fähigkeit zum Gefühlsmanagement bekommen hat, wird die Wirtschaft nicht müde, die Frage zu diskutieren: Kann man emotionale Intelligenz lernen? Seminare schießen wie Pilze aus dem Boden, die versprechen, emotionale Defizite beheben zu können. Auch Daniel Goleman macht Mut: «Die Forschung hat gezeigt, dass emotionale Fähigkeiten während des ganzen Lebens gelernt und gefördert werden können. Der Prozess ist nicht einfach. Er kostet viel Zeit und vor allem Hingabe. Aber die reiche Ernte, die eine gut entwickelte emotionale Intelligenz für den Einzelnen wie für das Unternehmen bedeutet, ist aller Mühen wert.»

Frauen brauchen sich dieser Mühe meist nicht zu unterziehen. Sie besitzen, was sich Männer erst langwierig aneignen müssen. Mit diesem «Pfund» sollten wir wuchern. Dass wir das noch viel zu wenig tun, zeigen die Daten des Mikrozensus 2000, die das Statistische Bundesamt vorgelegt hat. Danach sind nur knapp ein Drittel aller Führungskräfte in Industrie, Dienstleistungsbereich oder öffentlicher Verwaltung weiblich, mehr als zwei Drittel sind männlich.

Eine Rolle spielt dabei sicher auch, dass Frauen ihre Kapazitäten und Kompetenzen nicht selbstbewusst herausstellen, weil sie für selbstverständlich halten, was für andere ganz besonders erstrebenswert ist. Sie wissen oft gar nicht, was sie alles zu bieten haben – und zeigen es daher auch nicht. Dorothea Assig, Managementberaterin und Expertin für die berufliche Qualifzierung von Frauen in Führungspositionen, kennt dieses Phänomen: «Es sind ihre Fähigkeiten und Talente, die Frauen vor anderen verbergen und vor sich selbst abwerten, nicht ihre Niederlagen – darüber berichten sie jederzeit freimütig, ungefragt.» Deshalb sieht sie es als besonders wichtig an, dass weibliche Kompetenzen und Fähigkeiten die Anerkennung finden, die ihnen zusteht: «Wir müssen alle erst lernen, das Verhalten von Frauen als kompetent und nicht als defizitär wahrzunehmen.» In speziellen Seminaren, in denen Frauen unter sich sind, können sie beispielsweise lernen, sich selbst und ihre besonderen Fähigkeiten als wertvoll wahrzunehmen und nicht als «typisch weiblich» abzuqualifizieren. Frauen müssen umdenken, ihre eigenen Verhaltensweisen positiv uminterpretieren, rät Assig. Sie sollten die Unterschiede zum männlichen Verhalten nicht als Zeichen eines Defizits und einer Schwäche werten, sondern erkennen, welche besondere Stärke darin liegt.

Um Frauen ein Gefühl für ihre Stärken zu geben, fordert die Trainerin eine «Kultur der Anerkennung weiblicher Leistungen und Erfahrungen». Deshalb sollten sich Frauen in spezifischen Frauengruppen weiterbilden, die von einer Trainerin geleitet werden. In gemischtgeschlechtlichen Gruppen, weiß Assig aus Erfahrung, lernen Frauen nicht, ihre eigenen Kompetenzen anzuerkennen. Sie laufen dann Gefahr, sich wieder zu sehr an männlichen Erfolgsstilen zu orientieren.

Frauen lernen also am besten von Frauen, wie sie ihre ganz besonderen Fähigkeiten ins rechte Licht rücken können. Nur unter ihresgleichen finden sie die Unterstützung, die sie brauchen, um sich ihrer fachlichen und emotionalen Kompetenzen bewusst zu werden und sie angemessen darzustellen.

Womit wir beim nächsten Gebot wären: *Du sollst für dich werben!*

V.

Du sollst für dich werben

«Wo wir gehen und stehen, stoßen wir auf Dinge, deren einziger Sinn und Zweck es ist, uns am Ärmel zu zupfen und zu sagen: ‹Schau her!› Man kann der Belästigung nicht mehr entrinnen . . . wo immer ein paar Menschen zusammenkommen, geht das Gerangel um die Aufmerksamkeit schon los», klagt der Wirtschaftswissenschaftler und Philosoph Georg Franck. In der Vielfalt der Angebote, Verlockungen und Verheißungen geht jedes Produkt unter, dem es nicht gelingt, das Interesse auf sich zu ziehen. Werbefachleute wissen das. Ohne Werbung kann heute kein neues Produkt auf dem Markt platziert werden. Und auch bereits eingeführte Marken müssen permanent an ihrem Image feilen, um das Interesse der Verbraucher wach zu halten. Was für Markenprodukte gilt, das gilt auch für das «Produkt», das jede von uns anzubieten hat: uns selbst. Ob es uns bewusst ist oder nicht, ob es uns gefällt oder abstößt – auch wir sind jeden Tag aufs Neue gezwungen, Werbung in eigener Sache zu machen. Wir müssen dafür sorgen, dass unser Körper Gesundheit und Fitness ausstrahlt, wir müssen ihm das richtige Outfit verpassen, müssen dynamisch, jugendlich und «gut drauf» sein. Kurz: Wir müssen uns möglichst gut verkaufen. Vernachlässigen wir die PR-Arbeit in eigener Sache, finden wir uns schnell an den Rand gedrängt. Wenn Sie hoffen, allein durch Leistung, Qualität, Seriosität, Verlässlichkeit, Integrität auf sich aufmerksam machen zu können, sind Sie eine unverbesserliche Optimistin.

In einem kleinen Ratgeber mit dem zeitgemäßen Titel «30 Minuten für die überzeugende Selbstdarstellung» heißt es beispielsweise: «Aufstiegschancen der Mitarbeiter hängen vor allem von drei Faktoren ab:

- der Leistung (zu 10 Prozent)
- dem Image und dem persönlichen Stil (zu 30 Prozent)
- dem Gesehenwerden, Auffallen (zu 60 Prozent).

Das persönliche Image bestimmt also zu 90 Prozent, wie Sie eingeschätzt werden.» Das trifft nicht nur auf das Arbeitsleben zu, sondern auf alle Lebensbereiche. Wann immer wir heute mit anderen in Kontakt treten, gilt: Für den ersten Eindruck gibt es meist keine zweite Chance. Psychologen haben festgestellt, dass wir in den ersten Sekunden einer Begegnung eine Unmenge Informationen über unser Gegenüber aufnehmen. Und diese Informationen beeinflussen langfristig unsere Handlungen und unsere Einstellung diesem Menschen gegenüber. Im Strom der vielen Begegnungen, die uns der Zwang zur Mobilität und Flexibilität sowie die neuen Kommunikationsmittel bescheren, kommt daher schnell zu kurz, wer keinen bleibenden Eindruck hinterlässt. Schüchterne, zurückhaltende, leise Menschen werden auf der Bühne des Alltags schnell zu Komparsen. «Es ist wie im Bierzelt. Wenn alle schon laut reden, muss man auch selber brüllen, um noch gehört zu werden», erklärt Georg Franck. Die Lauten haben es in unserer Gesellschaft leichter.

Erfolgreich ist heute, wem es gelingt aufzufallen. Mit Leistung allein gelingt das nur noch wenigen. «Schneller als Leistung und Kompetenz, Einstellungen und Verlässlichkeit es je könnten, bestimmen sichtbare Faktoren wie Auftreten und Erscheinung, Styling und Statussymbole (oder der Verzicht darauf) das Bild, das andere sich von uns machen», schreibt die Image-Beraterin Doris Märtin. «Leistung ist wie ein Konsumprodukt. Sie muss nicht nur erbracht, sondern auch ansprechend verpackt, gut sichtbar platziert und wirkungsvoll vermarktet werden.»

Das ist ein Gedanke, der vielen Frauen fremd ist. Sie glauben nach wie vor, dass sie allein durch ihr Können und ihre Leistung auf sich aufmerksam machen könnten. Das laute Trommeln liegt ihnen nicht, ja, sie verachten sogar die «Angeber», die keine Gelegenheit auslassen, um über ihre Heldentaten zu sprechen. So sympathisch uns zurückhaltende Bescheidenheit auch sein mag, sie ist in der heutigen Zeit nicht ungefährlich. Aufmerksamkeit ist heute ein knappes Gut. Die Konkurrenz um sie ist groß. Wir sind täglich einer Flut an Informationen, Angeboten, Verlockungen und Selbstdarstellungen ausgesetzt und müssen ständig entscheiden, wem und welchen Dingen wir unsere kostbare Aufmerksamkeit schenken. Allem mit gleich bleibendem Interesse zu begegnen hieße, über kurz oder lang den Verstand zu verlieren. Wir reagieren also auf Selbstdarstellungen. Und wenn wir uns Rechenschaft darüber ablegen, auf welche Art von Selbstdarstellung wir vor allem reagieren, dann müssen wir zugeben: Die Lauten sind im Vorteil. Wer geschickt für sich trommelt, wer sich auffallend inszeniert, wird von uns gesehen und beachtet.

Wir müssen aber nicht nur uns selbst darstellen, um unsere Leistungen und unser Können ins rechte Licht zu rücken. Wir müssen vor allem auf uns aufmerksam machen, um jenes Maß an Beachtung zu bekommen, das wir für unsere psychische Stabilität brauchen. Wir betreiben Imagepflege nicht (nur), um unser Ego zu streicheln, sondern um ein Gefühl für den eigenen Wert zu bekommen.

Mit den Worten der Sozialpsychologin Astrid Schütz ausgedrückt heißt das: «Wie man sich beschreibt und wie man sich vor anderen darstellt, hat im Allgemeinen bedeutsame Rückwirkungen auf die Bewertung der eigenen Person.» Unser Selbstbild hängt von der Wertschätzung und der Aufmerksamkeit der anderen ab. Und eine positive Einstellung zur eigenen Person, so Astrid Schütz, ist ein wichtiger Bestandteil psychischer Gesundheit.

«Der Mensch wird am Du zum Ich», erkannte der Philosoph Martin Buber, und Abraham Maslow, einer der Gründer der Humanistischen Psychologie, hat das Bedürfnis nach Ansehen, Status und Anerkennung als ein grundlegendes Motiv des Menschen bezeichnet. Wer keine Beachtung findet, von anderen nicht angemessen wahrgenommen wird, fühlt sich leer und nicht existent.

Wie schwer das Leben Menschen fällt, die von Anfang ihres Lebens an zu wenig Beachtung bekommen, belegt die psychologische Forschung eindrucksvoll. Studien mit unerwünschten Kindern, die schon im Mutterleib nicht genügend liebevolle Beachtung erfahren haben, zeigen: Diese Kinder haben eine schwere Last zu tragen. Psychische Störungen, Charakterstörungen, Delinquenz, soziale Unangepasstheit, psychosomatische Krankheiten oder Beziehungsprobleme sind mögliche Folgen der frühen Nicht-Beachtung und Ablehnung. Bekommt ein Kind nicht die Aufmerksamkeit der Eltern, die es für seine gesunde Entwicklung dringend braucht, dann entwickelt es Selbstunsicherheit, mit der es oft sein Leben lang zu kämpfen hat. Sieht ein Kind nicht den «Glanz im Auge der Mutter», wie es der Psychoanalytiker Heinz Kohut ausdrückte, dann wird der frühe Mangel an Beachtung es sein Leben lang belasten und eine stabile psychische Entwicklung erschweren.

«Wir sind nicht in der Lage, ein ungestörtes Verhältnis zu uns selbst zu entwickeln, wenn wir nicht von Kind an mit Beachtung wohl versorgt werden», erklärt Georg Franck. «Wer als Kind hier darben musste, wird wahrscheinlich sein Leben lang ... mit Selbstachtung kämpfen. Aus gutem Grunde ist die erste Lektion, die wir hier auf Erden lernen, die, dass gut ist, was Zuwendung verschafft, und schlecht, was sie abspenstig macht. In dieser ersten Lektion lernen wir, uns zu holen, was unbedingte Voraussetzung für die spätere Festigkeit des Selbstwertgefühls ist. Aber auch dann, wenn ein stabiles Selbstwertgefühl einmal aufgebaut ist, bleibt es auf laufende Bestätigung angewiesen.»

Dies verbindet uns alle: Ob wir zu den Glücklichen gehören, die «von Haus aus» genug Beachtung bekommen haben, oder ob wir als Kind eher unbeachtet geblieben sind – wir können in keinem Lebensalter auf Beachtung und Aufmerksamkeit verzichten. Ohne Aufmerksamkeit verkümmern wir. In einer Zeit, in der Aufmerksamkeit ein knappes Gut geworden ist, bedeutet das: Wir sind zur Selbstdarstellung verdammt.

Müssen wir aber deshalb die lauten, schrillen Selbstdarsteller zu unserem Vorbild machen?

Es wäre schlimm, wenn wir nur auf die «laute» Tour von anderen Beachtung bekommen könnten. Die Anhänger der leisen Töne müssten dann vor der Tyrannei der Aufschneider und Angeber kapitulieren.

Auch wenn die lauten Selbstdarsteller heute Hochkonjunktur haben: Sie liefern uns ein einseitiges, ein verzerrtes Bild von Selbstdarstellung. Denn: Selbstdarstellung ist nichts Negatives. Ohne Selbstdarstellung ist im Grund keine soziale Interaktion denkbar. «Selbstdarstellung spielt fast in jeder sozialen Situation eine Rolle», bestätigt Hans Dieter Mummendey, Professor für Sozialpsychologie an der Universität Bielefeld.

Stellen Sie sich vor, wie unsere Welt aussehen würde, wenn es uns vollkommen gleichgültig wäre, welchen Eindruck wir bei anderen hinterlassen. Es wäre eine Welt ohne Rücksichtnahme, ohne Einfühlung, ohne soziale Werte. Ganz zu schweigen von Situationen, in denen ohne Selbstdarstellung ein Erfolg überhaupt nicht denkbar ist: Ein Bewerber, der keinen guten Eindruck bei seinem potenziellen Arbeitgeber hinterlassen möchte, braucht gar nicht erst anzutreten. Und eine Frau, die einen Mann zum Lieben und Leben finden möchte, wird alleine bleiben müssen, wenn sie sich selbst nicht gut verkaufen kann.

Selbstdarstellung ist also wichtig. Sie regelt das soziale Miteinander, ist das Schmiermittel, das uns das Leben erleichtert. Wie aber können wir Selbstdarstellung betreiben, ohne uns auf die Seite der «Lautsprecher», der Angeber und Aufschneider schlagen zu müssen? Wie kann die Gratwanderung zwischen Eigenwerbung und zurückhaltendem Stolz gelingen?

Folgende Strategien der Selbstdarstellung können uns dabei helfen:

- *Für sich selbst werben,* die eigenen Fähigkeiten, Erfolge, Handlungen als positiv darstellen: «Das ist mir wirklich gut gelungen!», «Da habe ich eine wirklich gute Hand bewiesen.» Diese Technik beherrschen in der Regel Männer immer noch besser als Frauen. Für Frauen ist dabei allerdings besonders wichtig: Sie müssen trotz Eigenwerbung beziehungsfähig bleiben. Gelingt ihnen das nicht, dann laufen sie Gefahr, von anderen als unangenehme Angeberin abqualifiziert zu werden. Das, was man einem Mann durchgehen lässt – nämlich Pfauengehabe –, wird bei einer Frau nur selten akzeptiert. Ich erinnere mich an eine Konferenz, in der eine Kollegin sich selbst auf die Schulter klopfte und sagte: «Da habe ich mal wieder eine gute Nase bewiesen.» Die Männer im Raum reagierten ablehnend und ließen sich später in Unter-vier-Augen-Gesprächen herablassend über «diese eingebildete Zicke» aus. Vermeiden Sie allzu laute Paukenschläge. Informieren Sie stattdessen diejenigen, die es angeht, konsequent und laufend über Ihre Fortschritte. Schreiben Sie Memos und Aktennotizen, in denen Sie zum Beispiel Ihre Leistung einbetten in die Leistung des Gesamtteams. Beschreiben Sie, was Sie tun – das reicht, um gebührend auf sich aufmerksam zu machen. Das Sprücheklopfen können Sie dann getrost den Angebern überlassen.

- *Kompetenz zeigen:* Wenn Sie sich einen Doktortitel erarbeitet haben, dann sollten Sie ihn nicht unter den Tisch fallen lassen. Wenn Sie etwas ganz besonders gut können, sollten Sie nicht jemandem das Wort überlassen, der auf diesem Gebiet nur ein Dilettant ist. Machen Sie deutlich, dass Sie etwas können, was andere nicht draufhaben. Gleichgültig, ob in Ihnen eine Drei-Sterne-Köchin steckt oder ob Ihr Garten eine Prachtlandschaft ist; gleichgültig, ob Sie sich mit Katzen auskennen oder mit den Geheimnissen der Börse – zeigen Sie, worin Sie gut sind. Machen Sie deutlich, dass Sie sich in diesem Punkt vom Durchschnitt unterscheiden.
- *Offen sein:* Andere hinter die Kulissen der eigenen Person blicken zu lassen ist ein machtvolles Instrument der Selbstdarstellung. Man schlägt damit gleich zwei Fliegen mit einer Klappe: Offene Menschen sind bei anderen beliebter, und sie verpflichten durch ihr Verhalten die anderen ebenfalls zu mehr Offenheit. Wichtig ist dabei das

richtige Maß an Offenheit: Wer übertreibt, verspielt oft schnell das Vertrauen und läuft Gefahr, an Attraktivität zu verlieren.

- *Wählerisch sein:* Auch wenn Aufmerksamkeit heute ein knappes Gut ist, so sollten wir dennoch nicht wahllos Beachtungspunkte sammeln. Wir sollten vielmehr anspruchsvoll sein, wenn es darum geht, uns einen beachteten Platz in der Gesellschaft und in den Herzen anderer Menschen zu erobern. Das heißt konkret: Selbstdarstellung ist dann erfolgreich, wenn Sie Folgendes beachten:
  - Sie legen nur Wert auf die Beachtung und das Interesse von Menschen, an denen Ihnen wirklich etwas liegt.
  - Aufmerksamkeit ist für Sie nur wertvoll, wenn sie von Menschen kommt, denen Sie selbst gerne Beachtung schenken und die Sie bewundern.
  - Sie verzichten auf Beifall von der falschen Seite.
  - Sie gönnen sich den Luxus der Selektivität und buhlen nicht wahllos um Beachtung.
  - Umgekehrt verschenken Sie Ihre Aufmerksamkeit nicht wahllos. Sowenig wie Sie *everybody's darling* sein können, sowenig können Sie es sich leisten, allen Menschen Beachtung zu schenken, die um Ihre Gunst werben.

Bei allem Zwang zur Selbstdarstellung sollten wir immer eines im Hinterkopf behalten: nicht übertreiben! «Weniges und Maßvolles [wird] von den Interaktionspartnern oftmals als angenehm und positiv, zu viel und Übertriebenes dagegen als abstoßend und negativ bewertet», fasst der Sozialpsychologe Mummendey die Ergebnisse der Forschung zusammen.

Und noch ein Rat lässt sich aus der psychologischen Fachliteratur herauslesen: Unsere Selbstdarstellung sollte authentisch sein. Was damit gemeint ist, erklärt Lothar Laux, Professor für Persönlichkeitspsychologie an der Universität Bamberg: «Bei der authentischen Selbstdarstellung geht es um die ‹rechtschaffene› Vermittlung von Selbstqualitäten, in deren ‹Besitz› sich der Darsteller weiß.» Anders ausgedrückt: Wir sollten nicht mehr scheinen wollen, als wir sind. Das Bild, das wir von uns selbst vermitteln, sollte nicht allzu weit von der Realität entfernt sein. Wir sollten uns unseren Fähigkeiten und Eigenschaften gemäß verhalten und anderen kein X für ein U vormachen wollen. Allerdings: Ein klein wenig Schummeln ist erlaubt. In manchen Situationen kann es sinnvoll sein, sich positiver darzustellen. So kann beispielsweise ein schüchterner Mensch in der Öffentlichkeit seine Unsicherheit verbergen und sich selbstsicherer geben, als er ist. Der Vorteil: Mit der Zeit lernt er durch die Verstellung, seinem Idealselbst näher zu kommen, sprich: selbstsicherer zu werden.

Problematisch wird es, wenn das Idealbild, das wir von uns selbst haben, zu weit vom Realbild entfernt ist. Dann kommt es zu einer überzogenen Selbstdarstellung, die nicht das gewünschte Ziel erreicht: Die Aufmerksamkeit der Menschen, an denen uns etwas liegt, bekommen wir so nicht. Die Psychologin Astrid Schütz konnte in ihren Studien zeigen, dass Menschen mit einem ausgeprägten, starken Selbstwertgefühl überzeugt sind, die Sympathien der anderen auf ihrer Seite zu haben. Doch da irren sie sich: Ihre Mitmenschen fühlen sich von ihrem übertriebenen «Ich bin ich» oft abgestoßen und bringen den selbstbewussten Selbstdarstellern alles andere als Sympathie entgegen. «Hier liegt eine deutliche Selbstüberschätzung vor», konstatiert die Chemnitzer Psychologin. Gerade dieses Ergebnis der sozialpsychologischen Forschung wirkt beruhigend – zeigt es doch, dass die lauten Selbstdarsteller, die Angeber und Aufschneider, nicht wirklich erfolgreich sind. Sie mögen unsere Aufmerksamkeit bekommen, unsere Sympathie haben sie nicht.

VI.

Du sollst dich mit dem Stress verbünden

Schnell noch ein E-Mail beantworten. Dann den Kunden anrufen. Ach, und der Konferenztermin muss den Kollegen noch mitgeteilt werden. Wo habe ich nur meine Notizen hingelegt? Muss das Telefon ausgerechnet jetzt klingeln? Dieser blöde Drucker zieht schon wieder alle Blätter auf einmal ein! Hoffentlich komme ich pünktlich los, damit ich noch einkaufen und die Tochter von der Freundin abholen kann. Es ist zum Aus-der-Haut-Fahren!

Ganz gleichgültig, wie eine Frau heute lebt, ob sie berufstätige Singlefrau oder doppelbelastet durch Familie und Beruf ist, ob sie Kinder hat oder keine – eines ist allen Frauen gemeinsam: Immer füllen sie mehrere Rollen gleichzeitig aus. Liebend gerne würden sie sich mal auf eine einzige konzentrieren und diese wirklich gut machen – mal nur Mutter sein oder nur berufstätig –, doch dies ist ein frommer Wunsch. Der Alltag sieht anders aus: Er ist gekennzeichnet durch Stress, Hektik und eine Überfülle an Aufgaben.

Haben Sie sich schon so an diesen Zustand gewöhnt, dass Sie ihn als normal und unveränderlich ansehen? Das wäre falsch. Wenn Sie langfristig die Freude an Ihren Aufgaben behalten und gesund bleiben wollen, dann müssen Sie sich mit dem Stress in Ihrem Leben befassen: Sie müssen ihn zu Ihrem Verbündeten machen. Denn abschaffen können Sie ihn nicht, wie der Psychiater David Spiegel meint: «Ein stressfreies Leben zu führen ist ein unrealistisches Ziel. Das Ziel muss sein, den Stress aktiv und wirkungsvoll in den Griff zu bekommen.» Denn der Stress an sich ist nicht unser Feind. Schädlich ist die Art und Weise, wie wir mit Stresssituationen umgehen. Stress, den wir nicht zu unserem Verbündeten machen, hat langfristig verheerende Folgen. Und er blockiert unseren Erfolg:

- Er verursacht negative Gefühle: Wir fühlen uns angespannt, ängstlich, sind verärgert, wütend, übererregt, unsicher oder auch resigniert. Bei der geringsten zusätzlichen Anforderung reagieren wir aggressiv.
- Er beeinflusst unser Denken negativ: «Das schaffe ich nie!«, «Warum wird alles mir aufgebürdet?», «Das kann nur schief gehen» – Gedanken wie diese tauchen zwangsläufig auf, wenn wir uns Stresssituationen hilflos ausgesetzt fühlen. Entweder verfallen wir dann in planlosen Aktionismus oder fühlen uns angesichts der vor uns liegenden Aufgaben wie gelähmt.
- Er setzt unseren Körper unter Strom: Wenn wir gestresst sind, atmen wir flach und heftig, haben einen schnellen Puls, Nacken- und Schultermuskulatur sind verspannt, wir bekommen Kopfschmerzen und fühlen uns ausgelaugt und erschöpft.
- Er verführt uns zu unvernünftigen Handlungen: Mit Kaffee und Zigaretten wollen wir uns wach halten, um

die Anforderungen erfüllen zu können. Wir essen zu viel und beruhigen uns zu häufig mit Alkohol – aus Frust.

Auf Dauer kann unkontrollierter Stress Seele und Körper krank machen: Das Immunsystem wird geschwächt, wir werden anfälliger für Infektionen, unser Herz-Kreislauf-System nimmt Schaden, die Leistungsfähigkeit lässt nach, Müdigkeit und Depressionen nehmen zu. Novalis, der Dichter der Romantik, dessen Todestag sich im Jahr 2001 zum 200. Male jährt, sagte bereits um 1800: «Der gesunde Mensch ist immer ruhig.» Der gestresste Mensch wird irgendwann krank und kann seine Ziele nicht mehr verfolgen.

Gleichgültig, wo und wie wir Stress erleben – als überlastete Hausfrau und Mutter, als Sekretärin einer anspruchsvollen Vorgesetzten, als Wissenschaftlerin in einem Forschungslabor oder als Friseuse im eigenen Salon, wenn wir erfolgreich und leistungsfähig bleiben wollen, müssen wir den Stress unter Kontrolle bringen. Wir dürfen nicht zulassen, dass der Stress uns beherrscht, wir müssen ihm zeigen, dass bei aller Überlastung immer noch wir die Zügel in der Hand halten.

Wie das gehen soll? Es ist eigentlich gar nicht so schwierig. Der Psychologe Reinhard Tausch hat in umfangreichen Studien erforscht, welche Wege zur Stresskontrolle führen. Danach müssen wir den Stress auf drei Ebenen bekämpfen:

1. Stressige Situationen «entstressen»

Wie verhalten Sie sich, wenn Sie gestresst sind? Sie sind nervös, hektisch, ärgern sich, schimpfen auf andere, die Ihnen so viel zumuten, jammern über Ihre Belastungen, klagen über Zeitmangel. Sie sind so mit Ihrem Stress beschäftigt, dass Sie zum eigentlichen Arbeiten und Nachdenken gar nicht richtig kommen. Wenn Sie sich so verhalten, gelingt es Ihnen wohl kaum, den Stress in seine Schranken zu weisen. Hilfreich dagegen ist es, wenn Sie Ihre Zeit und Ihren Arbeitsaufwand konkret planen. Statt am Ende eines arbeitsreichen Tages entnervt zum Glas Wein zu greifen, sollten Sie *den nächsten Tag strukturieren:* Wann wollen Sie was erledigen? Was ist besonders wichtig, was kann warten, was kann eventuell jemand anderer übernehmen?

Wenn Sie das Gefühl haben, nicht mehr weiterzuwissen, sich in einer Sackgasse zu befinden, dann kann *gezielte Informationssuche* Sie aus dieser Lethargie herausholen. Sie wissen nicht, wie Sie eine Aufgabe angehen sollen? Überlegen Sie, ob es jemanden gibt, der schon mal in einer ähnlichen Situation war und dessen Rat Sie einholen könnten. Sie fühlen sich durch Job und Kinderversorgung überlastet? Fragen Sie andere Frauen, wie diese mit ähnlichen Situationen zurechtkommen, oder besorgen Sie sich Lektüre über das Problem. Und wehren Sie nicht ab mit dem Argument, Sie hätten dazu keine Zeit! So viel Zeit haben Sie, zumal bessere Informationen Ihnen automatisch mehr «Luft» verschaffen. Erinnern Sie sich an *frühere Stresssituationen* und wie Sie diese gemeistert haben. Fragen Sie sich: Sind diese Situationen für Sie auch heute noch belastend? Mit großer Wahrscheinlichkeit antworten Sie mit «Nein». Denn fast immer lernen wir aus schwierigen Momenten etwas für die Zukunft: Der Stress von heute ist oft die Routine von morgen. Diese Erkenntnis kann uns in stressreichen Zeiten zur nötigen Gelassenheit verhelfen.

Schließlich sollten Sie überprüfen, ob es außerhalb der eigentlichen Stressquelle etwas gibt, was Ihre Situation noch verschärft. Zum Beispiel: Sitzen Sie abends noch lange vor dem Fernseher, um sich abzulenken und zu entspannen? Sind Sie Lärm ausgesetzt – am Arbeitsplatz oder zu Hause? Werden Sie Abend für Abend von der neugierigen Nachbarin abgefangen, die Ihnen ein «Schwätzchen» aufdrängt? Meinen Sie, Sie müssen unbedingt Ihre Lebensmittel in einem ganz bestimmten Geschäft einkaufen, nur weil Sie dort gewisse Sachen etwas billiger bekommen? Nehmen Sie dafür einen Umweg in Kauf? Wenn Sie erst einmal anfangen, nach unnötigen Stressquellen in Ihrem Alltag zu forschen, werden Sie ganz schnell fündig werden. Und erstaunt feststellen, wie viele es davon gibt.

2. *Körperliche Entspannung*

Stress versetzt unseren Körper in Alarmzustand, das Sympathische Nervensystem wird aktiviert: Wir atmen schneller und flacher, der Blutdruck steigt, Stresshormone werden verstärkt ausgeschüttet. Wären wir wirklich in Gefahr, dann wären all diese körperlichen Reaktionen sinnvoll, denn sie versetzen uns in Hab-Acht-Stellung. In den meisten Fällen aber «übertreibt» unser Körper – die heftige Stressreaktion steht in keinem Verhältnis zum Auslöser. Anders als unseren Vorfahren begegnet uns im Alltag kein gefährliches Raubtier, vor dem wir fliehen müssen; unsere «Gefahren» sehen anders aus: der genervte Chef, das quengelnde Kind, die alten Eltern, die unsere Unterstützung brauchen, die Doppelbelastung Familie und Beruf . . .

Wollen wir den Stress zu unserem Verbündeten machen, dann müssen wir unserem Körper beibringen, sich möglichst schnell «abzureagieren» und in Zukunft angemessener, das heißt nicht mehr so «aufgeregt» auf Stress zu reagieren. Reinhard Tausch erklärt: «Wenn wir einen der körperlichen Vorgänge, die während oder nach Stressbelastungen durch das Sympathische Nervensystem aktiviert wurden, etwa die Muskelspannung oder die schnelle Atmung, normalisieren, dann normalisiert sich das ganze Sympathische Nervensystem.» Das heißt: Wenn wir unsere Atmung normalisieren, beruhigt sich das ganze System. Wenn wir durch Bewegung unsere Muskulatur entspannen, greift die Entspannung auch auf unsere Psyche über. «Körperliche Entspannung zum Beispiel der Muskeln ist unvereinbar mit Angst und Stress», erklärt der renommierte Psychologe. Und was das Erstaunliche ist: Wenn wir für regelmäßige Entspannung in unserem Leben sorgen, bekommt der Stress so schnell keinen Fuß mehr in die Tür. Regelmäßige Entspannung erzieht den Körper zu angemessener Reaktion auf Belastung. Als besonders wirksame Methoden haben sich erwiesen: Muskelentspannung, Atemübungen, Hatha-

Yoga, langsames Joggen, autogenes Training. Alle, die glauben, dazu keine Zeit zu haben, sollten wissen: «Zwei Minuten Entspannung sind besser als keine Entspannung», so die Empfehlung Reinhard Tauschs. Schneller und effizienter aber werden Sie zur Stressbändigerin, wenn Sie täglich für 20 bis 30 Minuten Ihren Körper und Ihre Psyche aus der Stressfalle holen: Wie Sie das machen – ob mit leichtem Sport, Yoga oder Entspannungsübungen –, bleibt Ihnen überlassen. Reinhard Tausch jedenfalls ist begeistert angesichts der schnellen Wirksamkeit von Entspannung: «Ich kenne kein Vorgehen, das bei regelmäßiger Ausführung von täglich ca. 20 bis 30 Minuten so tief greifend körperliche Vorgänge, bewusste und unbewusste seelische Vorgänge günstig und vielfältig beeinflusst wie Entspannungsübungen. Bei welchem psychotherapeutischen Vorgehen können wir innerhalb von 10 bis 15 Minuten Änderungen des Blutdrucks, des Pulses, der hormonalen Balance und der Gehirnwellen herbeiführen, verbunden mit größerem Wohlgefühl, innerer Ruhe, weniger Chaos im Bewusstsein, größerer Klarheit der Gedanken?»

3. Gedankenkontrolle

Ein drittes «Gegengift» gegen schädlichen Stress ist, Kontrolle über die eigenen Gedanken zu bekommen und sie zu verändern. Wenn Sie ständig über ein Problem grübeln und sich Sorgen machen, ob Sie jemals wieder Frau der Lage sein werden, erhöhen Sie den Stress. Deshalb sollten Sie in schwierigen Momenten Ihres Lebens ganz bewusst den

Strom der negativen Gedanken unterbrechen. Folgende Techniken haben sich dabei in psychologischen Studien als wirksam erwiesen:

- Versuchen Sie, das Problem unter einem anderen Blickwinkel zu sehen. Beispiel: Die Arbeit, die vor Ihnen liegt, kommt Ihnen wie ein unüberwindbarer Berg vor. Statt vor Ehrfurcht zu erstarren, zerlegen Sie den Berg in kleine Einzelteile. So wird deutlich, dass Sie, wenn Sie einen Schritt nach dem anderen planen, schon das Ziel erreichen werden.
- Lenken Sie sich ab. Wenn Sie immer wieder daran denken müssen, wie Ihr Chef Sie vor allen anderen kritisiert hat, gehen Sie ins Kino, ins Schwimmbad, hören Sie Musik – unternehmen Sie etwas völlig anderes, das Sie vom Grübeln abhält. Hans Selye, der berühmte Stressforscher, riet in diesem Zusammenhang: «Bemühe dich, deinen Sinn immer auf die angenehmen Seiten des Lebens zu konzentrieren und auf Handlungen, die deine Lage verbessern können. Versuche, alles unabänderlich Hässliche oder Schmerzhafte zu vergessen. Das ist vielleicht der wirksamste Weg, Stress durch spontane geistige Ablenkung auf ein Mindestmaß zu reduzieren.»
- Erinnern Sie sich an Ihre Erfolge. Rufen Sie sich ins Gedächtnis, was Ihnen in der Vergangenheit wirklich gut gelungen ist. Sie werden sehen, das beruhigt die gestressten Nerven sehr schnell.
- Reden Sie mit Freunden über Ihr Stressproblem. Hören Sie sich deren Sichtweise und Lösungsvorschläge an.

- Und schließlich: Prüfen Sie, ob die Situation, die Sie so unter Stress setzt, Ihnen überhaupt wichtig ist. Fragen Sie sich:
  Ist es wirklich wichtig für mich?
  Liegt mir tatsächlich so viel daran?
  Wenn nicht, reagiere ich dann angemessen?
  Kann ich überhaupt einen Einfluss auf die Situation nehmen?
  Wenn Sie diese Fragen ehrlich beantworten, werden Sie feststellen, dass so manche Stresssituation die Energie nicht wert ist, die sie Ihnen raubt. Loslassen heißt dann das geeignete Anti-Stress-Programm. Üben Sie sich in Gleichgültigkeit, akzeptieren Sie die Grenzen Ihres Einflusses. Nehmen Sie sich den Rat des Stressexperten Hans Selye zu Herzen, der meinte: «Welche Situation dir auch immer im Leben begegnen mag, überlege erst, ob es sich wirklich lohnt, dafür zu kämpfen.»

VII.

Du sollst deine psychischen Schwachpunkte kennen

Die Kollegin nervt Sie. Aber Sie wissen eigentlich gar nicht, warum. Weil sie sich so wichtig nimmt? Weil sie sich an den Chef ranschmeißt? Weil sie so kurze Röcke trägt? Weil sie ständig alles besser weiß? Eigentlich ist das alles halb so wild. Sie haben wirklich keine Ahnung, warum Sie so aggressiv auf diese Kollegin reagieren. Besonders irritierend finden Sie, dass Sie diese Frau manchmal sogar richtig sympathisch finden – obwohl Sie sie nicht mögen! Das ist doch nicht normal, denken Sie, und weil Sie nicht wissen, was da los ist, versuchen Sie, dieser Person möglichst aus dem Weg zu gehen.

Statt zu resignieren, sollten Sie vielleicht mal über das Verhältnis zu Ihrer Schwester oder Ihrer Mutter nachdenken. Wieso denn das?, werden Sie jetzt fragen, was haben die denn mit meiner Kollegin zu tun? Unter Umständen sehr viel. Aber ehe ich darauf näher eingehe, lassen Sie mich einen kleinen Ausflug in die psychologische Forschung zur Partnerwahl machen.

Inzwischen wissen wir, dass unsere Erfahrungen mit Eltern und Geschwistern einen großen Einfluss auf unsere Partnerwahl haben. Unsere ersten Eindrücke vom anderen

Geschlecht, besondere Eigenschaften von Vater und Mutter, ihr Verhalten in der Ehe – all das hinterlässt tiefe Spuren in uns und beeinflusst unsere spätere Partnerwahl. Warum wir uns in einen ganz bestimmten Menschen verlieben, erklärt der Sexualwissenschaftler John Money mit dem Modell der Liebeslandkarte. Nach diesem Modell besitzt jeder Mensch eine innere Landkarte, die verantwortlich ist für ein Gefühl der tiefen Vertrautheit, wenn wir «Mr. oder Ms. Right» treffen. Unsere Landkarte der Liebe wird von frühester Kindheit an gestaltet und geformt. Alle Erfahrungen werden in diese Karte eingezeichnet: das Lachen der Mutter, die Strenge des Vaters, die Hektik oder die Ruhe des Elternhauses, die Regeln und Vorlieben der Familie, die Streitigkeiten mit den Geschwistern. Je älter wir werden, desto mehr formen sich die Erfahrungen und Erinnerungen zu einem bestimmten Muster, unsere Liebeslandkarte wird immer präziser. Sie zeigt ziemlich genau die Merkmale, die eine Person haben muss, damit sie vertraut auf uns wirkt.

Darüber hinaus sind auf unserer Liebeslandkarte aber noch viele andere Merkmale eingraviert, die unbewusst ihre Wirkung entfalten: Diese Merkmale sind verantwortlich dafür, dass wir uns von Männern in Anzügen angezogen fühlen (weil Vater immer Anzug trug), dass wir Frauen mit großen Busen bewundern (weil Mutter uns liebevoll an den ihren gedrückt hat), dass wir kleine Füße faszinierend finden oder es nicht ausstehen können, wenn ein Mensch laut lacht . . . Positives wie Negatives aus unserer Kindheit bilden einen Raster, den wir unbewusst an Menschen anlegen, die uns begegnen. Dieser Raster entscheidet über Sympathie und Antipathie, über Liebe und Gleichgültigkeit. Je größer die Übereinstimmung von Raster und Realität, umso größer die Wahrscheinlichkeit, dass wir uns verlieben. Je geringer die Übereinstimmung, desto höher die Wahrscheinlichkeit, dass zwischen diesem Menschen und uns die «Chemie» nicht stimmt.

Warum sollte, was für Liebesbeziehungen gilt, in anderen Beziehungen, zum Beispiel jenen am Arbeitsplatz, außer Kraft gesetzt sein? Könnte es nicht sein, dass der Kollege in Ihnen seine ältere Schwester sieht oder der Seniorchef sich durch irgendetwas an seine jüngste Tochter erinnert fühlt, wenn er es in Konferenzen mit Ihnen zu tun bekommt? Möglicherweise hat die Kollegin, mit der Sie solche unerklärlichen Probleme haben, Züge Ihrer Mutter, zu der Sie ein eher angespanntes Verhältnis haben?

Bewusst ist uns das alles natürlich nicht, aber es lohnt sich, eventuellen «Übertragungen» von frühen Erfahrungen auf die Beziehungen am Arbeitsplatz auf die Spur zu kommen. Denn alte Familienmuster, die in die Arbeitswelt hineinwirken, können uns das Leben unnötig schwer machen, uns den Spaß am Job verleiden und zu wahren Erfolgskillern werden.

Frühe Kindheitserfahrungen – Geschwisterrivalitäten, Autoritäts- und Loyalitätskonflikte mit den Eltern – können sich am Arbeitsplatz mit Kollegen, Vorgesetzten oder Untergebenen auf unterschiedlichste Weise wiederholen:

Linear: Das Verhalten eines Arbeitnehmers einem Kollegen oder Chef gegenüber entspricht genau dem Verhalten, das er in seiner Kindheit einem Elternteil oder einem seiner Geschwister gegenüber zeigte. Alica beispielsweise hatte jahrelang ein seltsames Verhältnis zu älteren Kolleginnen. Sie fühlte sich stark von ihnen angezogen, suchte ihre Nähe und Zuwendung. War sie der älteren Kollegin überlegen, zeigte sie es nicht, im Gegenteil: Sie machte sich kleiner, als sie war, verschwieg ihre Erfolge und schmeichelte stattdessen der Älteren. Doch trotz dieser Bewunderung zogen sich die älteren Frauen regelmäßig von Alica zurück – oft im Zorn, einmal kam es sogar zum Eklat: «Eine Kollegin, vierzehn Jahre älter als ich, warf mir die schlimmsten Sachen vor. Ich sei eine Verräterin, hätte kein Rückgrat, sei eine falsche Schlange», erinnert sich Alica noch heute mit Schaudern. «Und sie drohte mir, mich in der Firma fertig zu machen.» Alica verstand die Welt nicht mehr. Sie erforschte ihr Gewissen, aber sie konnte sich nicht erklären, womit sie sich den Hass der Älteren zugezogen haben könnte. Nachdem sich dieses Muster Annäherung-Bewunderung-Rückzug mehrmals wiederholt hatte, suchte Alica Rat bei einer Psychotherapeutin. Gemeinsam kamen sie der Ursache von Alicas Problemen auf die Spur: Alicas Schwester, zehn Jahre älter, war von Anfang an eifersüchtig auf das Nesthäkchen gewesen und hatte die kleine Schwester schikaniert, wo sie nur konnte. Die hatte verständlicherweise Angst vor der Großen, versuchte aber immer durch besonders charmantes, angepasstes Verhalten die Gunst der älteren Schwester zu erlangen – und hoffte damit auch, sich von ihren Schikanen freikaufen zu können. Heute, als Erwachsene, hat Alica keinerlei Kontakt mehr zu dieser Schwester. Und das war wohl auch der Grund, warum sie keinen Zusammenhang zwischen ihren frühen Erfahrungen und den Problemen am Arbeitsplatz sehen konnte. Erst in der psychotherapeutischen Beratung erkannte sie, dass sie unendlichen Respekt vor älteren Frauen hat und sich durch Anbiederung deren Wohlwollen sichern will. Weil die Älteren irgendwann merken, dass ihre Bewunderung nicht ehrlich ist, ziehen sie sich enttäuscht von Alica zurück. Seit Alica diesen Zusammenhang erkannt hat, ist sie im Umgang mit älteren Kolleginnen sehr viel vorsichtiger und zurückhaltender geworden. Wann immer sie den Impuls verspürt, um die Gunst der Älteren zu buhlen, erinnert sie sich an ihre Schwester. Eigens zu diesem Zweck hat sie ein Foto von der Schwester in der Schreibtischschublade. Ein Blick darauf genügt, um ihr klar zu machen, dass ihre Gefühle mit der Realität nichts zu tun haben.

Triangulär: Damit ist eine Reaktion auf die Beziehung zwischen zwei oder mehr Menschen gemeint, die einem belastenden Familienmuster entspricht. Wenn zum Beispiel zwei Kollegen eine Auseinandersetzung haben, kann sich ein Dritter an seine streitenden Eltern erinnert fühlen und sich ängstlich um eine Schlichtung bemühen – ähnlich, wie er es als Kind auch bei seinen Eltern getan hat. Ein anderes Beispiel für eine trianguläre Übertragung erlebte die Grafikerin

Eva-Maria. Als sie sich um eine Stelle in einem kleinen Illustrationsbüro bewarb, fühlte sie sich vom ersten Augenblick an wohl. Die Atmosphäre gefiel ihr, und auch das Ehepaar, dem das Studio gehörte, war ihr sofort sympathisch. Ihre Freude war also groß, als sie erfuhr, dass sie für die Stelle ausgewählt worden war. Doch bald schon wich die Freude einer großen Erschöpfung. Nicht nur, dass Eva-Maria für drei arbeitete, sie hatte auch das Gefühl, zwischen ihren Arbeitgebern, dem Ehepaar, aufgerieben zu werden. Die beiden befanden sich in permanenter Konkurrenz um Projekte, und beide versuchten, die stets einsatzbereite Eva-Maria eng an sich zu binden.

«Gottlob merkte ich schnell, was da ablief», erinnert sich die Grafikerin. «Das kannte ich alles zu gut von zu Hause. Zwischen meinen Eltern herrschten enorme Spannungen, weil mein Vater ständig fremdging. Sowohl er als auch meine Mutter sahen in mir eine Verbündete, und ich glaubte lange Zeit, dass ich es in der Hand hätte, die beiden zu versöhnen.» Das gelang ihr nicht: Als sie sechzehn war, ließen sich ihre Eltern scheiden. Eine Erfahrung, aus der sie fürs Leben lernte: «Mir war klar, dass ich mir eine andere Stelle suchen musste. Denn in diesem Grafikstudio würde ich niemals einen eigenen Weg gehen können.» Heute arbeitet Eva-Maria als Grafikerin beim Fernsehen.

Zirkulär: Bei dieser Form der Übertragung entsteht eine Art «Arbeits-Familien-System», wenn sich die Kindheitserfahrungen von mehreren Mitarbeitern vermischen. Das kann positiv sein, wenn sich die frühen Erfahrungen ergänzen: Die Kollegin, die in ihrer Familie Kreativität und Fantasie erleben konnte, arbeitet dann effizient mit einem Kollegen zusammen, der in einer Familie aufwuchs, in der Werte wie Genauigkeit, Pünktlichkeit und Verlässlichkeit hochgehalten wurden. Wenn aber Kollegen aufeinander treffen, deren Kindheitserfahrungen völlig konträr sind, dann sind Konflikte oft vorprogrammiert. Trifft beispielsweise ein konfliktvermeidender Kollege auf einen konfrontativen Kollegen, dann kann keine offene Atmosphäre entstehen. Konflikte werden unter den Teppich gekehrt, und in regelmäßigen Abständen kommt es zum Eklat, weil der Konfrontative die Spannung nicht mehr aushält.

Systemisch: Wenn hierarchische Strukturen und Regeln innerhalb der Firma an die Regeln der Familie erinnern, kann die Organisationsstruktur bei den Angestellten eine in der Kindheit erlernte Rolle aktivieren. In jeder Firma gibt es Clowns, Opfer oder Retter, die alle eine Rolle spielen, welche sie bereits in ihrer Herkunftsfamilie erworben haben. So ist es kein Zufall, dass der väterliche Firmenpatriarch, dessen drei Söhne in der Firma Leitungsfunktionen einnehmen und dessen einzige Tochter als seine Assistentin wirkt, keine Frauen in Führungspositionen beruft. Auf der mittleren und unteren Ebene gibt es dafür aber jede Menge «Töchter». Denen begegnet er mit väterlichem Wohlwollen, nimmt sie bei Gelegenheit in den Arm, spendet Lob, fördert sie (das allerdings in Grenzen). Sein Lieblingsspruch: «Wir sind doch alle eine große Familie.» Frauen, die für sich die Tochterrolle ablehnen, werden gar nicht erst eingestellt oder verlassen die Firma schnell wieder, weil sie erkennen: Töchter können hier nichts werden. Frauen haben in dieser Firma ihren festen Platz in der Hierarchie – und der ist ganz sicher nicht oben.

Wenn Sie in einer Firma arbeiten, die nur Töchter (wahlweise auch Mütter) akzeptiert, wird Ihrer Karriere kein Erfolg beschieden sein.

Kulturell: Firmen haben eine Kultur – eine Unternehmenskultur. Hauszeitschriften gehören ebenso dazu wie Feierlichkeiten. Auch diese Kultur kann mit der Familienkultur, in der ein Mensch groß geworden ist, kollidieren. So kann sich zum Beispiel eine Mitarbeiterin sehr unwohl fühlen, wenn eine Kollegin zum Geburtstag «einen ausgibt», weil in ihrer Familie Alkoholtrinken und müßiges Zusammensitzen verpönt waren. Wer nicht mitmacht, wird aber schnell zum Außenseiter und von den anderen misstrauisch beäugt: «Was ist denn mit der los?»

Wollen Sie an Ihrem Job Freude haben und erfolgreich sein, dann lohnt es sich, verborgene Familienmuster am Arbeitsplatz aufzuspüren. Wenn Sie erkennen, dass sich möglicherweise eine alte Geschichte am Arbeitsplatz wiederholt, dass ein ständig wiederkehrendes Problem seine Wurzeln in Ihrer frühen Vergangenheit hat, dann reicht oft allein diese Erkenntnis aus, um etwas zum Positiven zu verändern. Vor allem wenn bestimmte Konflikte mit Kollegen oder Kolleginnen immer wieder auftauchen, wenn Sie sich chronisch überlastet und und ausgebrannt fühlen, sollten Sie nach Ähnlichkeiten zwischen Ihrer Familienwelt und Ihrer Arbeitswelt suchen. Was für ein Kind waren Sie? Wie wurden Sie erzogen: autoritär, antiautoritär, demokratisch? Welche Rolle hatten Sie in Ihrer Familie inne? Gibt es Parallelen zwischen der Situation in Ihrer Familie und der Situation an Ihrem Arbeitsplatz?

Eine Möglichkeit, alten Kindheitsmustern bei sich selbst und bei anderen auf die Spur zu kommen, bietet ein Konzept aus der Transaktionsanalyse: das so genannte Drama-Dreieck. Es besteht aus den Rollen:

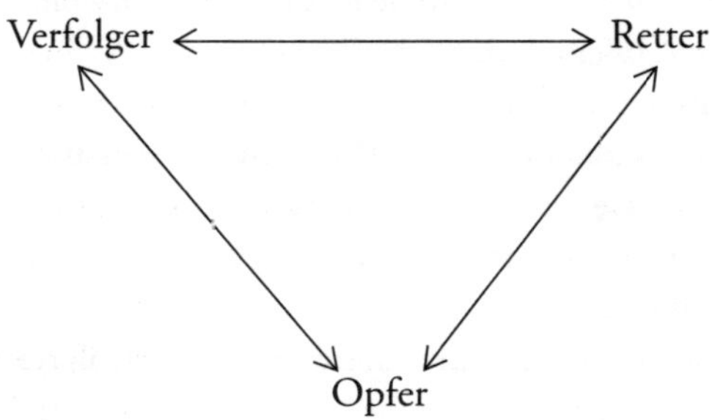

Ein «Verfolger» ist dabei eine Person, die alles besser weiß. Sie setzt andere unter Druck, macht sich mit spöttischen Bemerkungen über sie lustig, wertet sie durch negative Äußerungen ab: «Frau Maier kann unter Druck nicht arbeiten.»

Ist jemand in der Rolle des «Retters», dann fühlt er oder sie sich ebenfalls den anderen überlegen. Aber anders als der «Verfolger» setzt er den scheinbar Unterlegenen nicht zu, sondern bietet seine Hilfe an. Ein «Retter» weiß immer Rat – gefragt oder ungefragt. Ein «Retter» springt ein, wenn Not am Mann ist. Ein «Retter» ist überzeugt, dass es ohne ihn gar nicht geht.

Die Rolle des «Opfers» ist in Teams ebenfalls häufig anzutreffen. Ein «Opfer» jammert den Kollegen die Ohren voll, dass es wieder mit der Arbeit nicht rechtzeitig fertig wird, dass es immer alles alleine machen muss, dass es der ganzen Sache nicht gewachsen ist. Ein «Opfer» zieht den «Retter» fast magisch an, es kann aber auch die Beute eines «Verfolgers» werden, der seine wahre Freude an der Hilflosigkeit des «Opfers» hat.

An meiner allerersten Arbeitsstelle, ich war Angestellte in einer Bank, gab es in meiner Abteilung ein klassisches Drama-Dreieck, wie ich jetzt im Nachhinein weiß. Der Abteilungsleiter war ein 100-prozentiger «Verfolger». Niemand konnte es ihm recht machen, alle zitterten vor ihm, weil er in seinen Reaktionen unberechenbar war. Eine ältere Kollegin war ihm ganz besonders ausgeliefert. Sie war das geborene «Opfer». Weil sie keine ausgebildete Bankkauffrau war, litt sie unter Minderwertigkeitskomplexen, die sie nicht für sich behielt, sondern – wo sie nur konnte – an die große Glocke hängte: «Ihr seid im Vorteil, ihr habt das alles von der Pieke auf gelernt. Mir fällt das alles so schwer», klagte sie häufig. Den Vorgesetzten hielt das aber nicht davon ab, gerade ihr die kniffligsten Aufgaben zu übertragen, wohl wissend, dass sie es ohne Hilfe nicht schaffen konnte. Und woher kam die Hilfe? Immer von einem Kollegen, der – obwohl selbst überlastet – selbstverständlich auch noch ihre Arbeit übernahm. Er war ihr «Retter».

Nicht immer sind die Rollen des Drama-Dreieckes so deutlich zu erkennen, doch mit etwas Übung werden Sie dieses Muster auch an Ihrem Arbeitsplatz beobachten können.

Alle drei Rollen haben ihre Wurzeln in der Kindheit. Irgendwann hat ein Mensch, der zum «Verfolger» wird, gelernt: «Wenn ich andere nur genügend bedrohe, dann tun sie, was ich will.» Ähnlich der Retter: «Wenn ich mich nur genügend für andere einsetze oder ihre Erwartungen erfülle, dann sind sie mir verpflichtet und dann tun sie, was ich mir wünsche.» Oder das Opfer: «Wenn ich nur genügend hilflos aussehe und unfähig erscheine, dann schenken mir andere Aufmerksamkeit.» Jede Rolle ist also darauf aus, Anerkennung und Beachtung zu bekommen.

Wenn Sie feststellen, dass eine dieser Rollen «Ihre» Rolle ist, sollten Sie herausfinden, wie Sie zu dieser Rolle gekommen sind. Was mussten Sie als Kind tun, um Aufmerksamkeit zu bekommen? Wann wurden Ihre Bedürfnisse wahrgenommen, wann überging man sie? Wenn Sie alleine nicht weiterkommen, kann ein Gespräch mit einer Beraterin, Therapeutin oder einem Coach hilfreich sein, um schädliche Verhaltensmuster aufzulösen. Denn jede dieser Rollen, gleichgültig, ob Verfolger, Retter oder Opfer, kann Ihrem Erfolg im Wege stehen.

Möglicherweise trifft keine dieser Rollenbeschreibungen auf Sie zu, aber Sie erkennen: Sie sind in den Fängen eines «Verfolgers», eines «Retters» oder eines «Opfers». Was tun? Für diesen Fall hat die Transaktionsanalyse folgende hilfreiche Ratschläge erarbeitet:

Angenommen, ein «Opfer» will von Ihnen gerettet werden und Ihnen ein Problem abgeben: Widerstehen Sie der Versuchung, irgendwelche konkreten Ratschläge zu geben. Grenzen Sie sich ab, sagen Sie klar und unmissverständlich «Nein». Hören Sie dem «Opfer» zu, zeigen Sie Verständnis für seine Lage, überlegen Sie mit ihm gemeinsam, was es tun könnte, um sich selbst zu helfen. Aber bieten Sie sich auf keinen Fall als «Retter» an.

Angenommen, ein «Verfolger» sitzt Ihnen auf den Fersen: Sprechen Sie ihn direkt an. Geben Sie zu erkennen, dass Sie seine Absicht durchschauen, und sagen Sie, welche Gefühle er bei Ihnen auslöst (zum Beispiel: «Ich fühle mich von Ihnen sehr unter Zeitdruck gesetzt. Ich verstehe nicht, warum Sie das tun. Können Sie es mir erklären?»). Wenn der «Verfolger» gar nicht zu stoppen ist, müssen Sie schwereres Geschütz auffahren: «Das lasse ich mir nicht gefallen», «Ich werde mich beschweren, wenn Sie weiterhin so Negatives über mich verbreiten».

Angenommen, ein «Retter» will Ihnen ungefragt unter die Arme greifen: Kommen Sie nicht in Versuchung, die Hilfe anzunehmen. Lehnen Sie ab, danken Sie dem «Retter» aber für sein Angebot. Tun Sie das nicht, zappeln Sie ziemlich bald im Netz des «Retters» und fühlen sich ihm oder ihr verpflichtet.

Es gibt meines Wissens keine Studien und konkrete Zahlen darüber, aber die Erfahrung lehrt, dass Frauen am Arbeitsplatz häufiger in der «Opfer»- oder «Retter»-Rolle zu finden sind. Weil ihre Fähigkeit, sich in andere Menschen einzufühlen, schon sehr früh geschult wurde und sie oftmals bereits als Kinder ihren Eltern, insbesondere ihren Müttern gegenüber in der «Retter»-Rolle waren, riechen sie hilflose «Opfer» in ihrer Umgebung oft schon von weitem. Fast reflexartig springen sie dann in die Bresche und lasten sich freiwillig zu ihren eigenen auch noch die Probleme anderer auf. Ebenso vertraut wie die «Retter»-Rolle ist Frauen die «Opfer»-Rolle. Hilflosigkeit, das lernte das kleine Mädchen früh, ist ein wirksamer Appell an die Erwachsenenwelt. Natürlich kann eine Frau auch eine «Verfolgerin» sein, häufiger aber werden in dieser Position, die Aggressivität voraussetzt, wohl Männer anzutreffen sein.

Wie auch immer: Jede dieser Rollen ist schädlich, wenn Sie Ihre Ziele erfolgreich verwirklichen wollen. Gleichgültig, auf welcher Hierarchieebene Sie sich befinden, ob Sie als Sekretärin arbeiten, als Sachbearbeiterin oder Abteilungsleiterin, ob Sie als Mutter mit den Lehrkräften Ihrer Kinder permanent im Clinch liegen oder sich in einem Ehrenamt ausbeuten lassen: Frühkindliche Erfahrungen können bei unseren Begegnungen mit anderen immer eine Rolle spielen.

Je bewusster Sie sich Ihrer frühen Erfahrungen sind, desto besser können Sie deren Einfluss mindern und sie kontrollieren. Für Ihren Erfolg ist das eine ganz wesentliche Voraussetzung.

VIII.

Du sollst Mobbing keine Chance geben

Die Chefsekretärin Ulrike Knapp freut sich immer auf die Mittagspause. Nicht, weil sie dann die Arbeit unterbrechen kann, sondern weil sie in der Kantine zwei Kolleginnen trifft. Kolleginnen, mit denen sie eng befreundet ist. «Wir drei sind ein starkes Team», schwärmt Ulrike und erläutert die Vorzüge von Freundschaften am Arbeitsplatz. «Wir tauschen Informationen aus, wir können Probleme – private wie berufliche – offen miteinander besprechen. Und wir helfen uns aus, wenn eine mal total überlastet ist.»

Freundschaften am Arbeitsplatz können eine Bereicherung sein. Sie können aber auch zur Belastung, ja im Extremfall sogar gefährlich werden. Freundschaft und Feindschaft liegen in der Arbeitswelt erschreckend nahe beieinander. Das musste zum Beispiel Annalena Koch erfahren. Die Fremdsprachensekretärin war lange Jahre mit einer Kollegin gut befreundet, bis diese sich plötzlich veränderte. War sie vorher mitteilsam und vertrauensvoll, so zog sie sich plötzlich zurück, wurde schnippisch und feindselig. Zunächst machte Annalena persönliche Probleme für den Wandel der Freundin verantwortlich – «sie hatte sich gerade von ihrem Mann getrennt» –, doch bald wurde sie eines Besseren belehrt:

«Plötzlich kamen die Vorwürfe: Ich hätte wichtige Informationen nicht weitergeleitet. Ich hätte mit Absicht falsch informiert. Ich würde mich nicht mit ihr absprechen.» Das aber war noch nicht alles. Annalenas einstige Freundin beschwerte sich beim Vorgesetzten über die angeblich so unkollegiale und unfähige Kollegin. Besonders perfide empfand Annalena aber, dass die ehemalige Freundin privates Insiderwissen in der Firma herumposaunte: «Ich lebte damals gerade in Scheidung, die Kollegin wusste Details und hat die im Betrieb verbreitet.» Was war passiert? Lange Jahre hatten sie Schreibtisch an Schreibtisch gearbeitet. Doch dann bot die Geschäftsleitung Annalena eine besser bezahlte und verantwortungsvollere Position an . . . Annalenas Erwartung, dass die Freundin sich mit ihr über den Erfolg freuen würde, erwies sich als naiv. Das Gegenteil war der Fall. Die Freundin freute sich nicht, sie reagierte neidisch und rächte sich an der Freundin mit Mobbing.

Ähnlich erging es auch der Pharmareferentin Dorothea Titze. Sie musste erleben, dass sich ihre Assistentin nach über zehnjähriger freundschaftlicher Zusammenarbeit in ein «grünäugiges Monster» verwandelte und in der Firma üble Gerüchte über ihre Vorgesetzte verbreitete: «Plötzlich stand ich als Spesenritterin und schlampige Kalkuliererin am Pranger. Zudem lief meine Assistentin im Betrieb herum und heulte sich bei den Kollegen die Augen darüber aus, dass ich mich so zu meinen Ungunsten verändert hätte, nur noch an meine Karriere dächte, egoistisch und selbstsüchtig sei.» Der Grund für das bösartige Verhalten der langjährigen Freundin war schnell gefunden: Dorothea hatte ein großes, anspruchsvolles Projekt übernommen, das sie nur mit Unterstützung eines kompetenten Teams bewältigen konnte. Die Assistentin, die bislang ihre Chefin für sich allein hatte, empfand dieses neue Team als Konkurrenz, fühlte sich ausgeschlossen und übergangen. Auch hier war Missgunst die Ursache des Mobbings.

Studien, die sich mit Mobbing am Arbeitsplatz befasst haben, zeigen übereinstimmend, dass zwei Drittel der Betroffenen Frauen sind. Das mag daran liegen, dass Frauen bei Umfragen vielleicht eher als Männer bereit sind, Probleme zuzugeben. Aber vieles deutet darauf hin, dass Eifersucht und Missgunst eher unter Kolleginnen als unter Kollegen auftreten. Jedenfalls hat das die amerikanische Psychologin Laurie A. Rudman festgestellt. Sie erklärt das so: Hat eine Freundin mehr Erfolg als die andere, verlässt sie damit die Gleichheitsebene. Das Gefühl der Vertrautheit, das Frauen sehr stark für ihr Wohlergehen brauchen, ist dann nicht mehr selbstverständlich gegeben. Sich mit einer Geschlechtsgenossin aus ganzem Herzen freuen, das können Frauen nur, wenn sie über ein stabiles Selbstwertgefühl verfügen und mit ihrem eigenen Leben zufrieden sind. Ist das nicht der Fall, dann reagieren viele mit Eifersucht – hinter der Angst steckt. Sie fürchten, selbst nicht gut genug zu sein, sie haben Angst vor dem Vergleich. «Frauen mögen keine Powerfrauen», fasst die Psychologin Rudman ihre Untersuchungsergebnisse zusammen. Damit bestätigt sie ein Phänomen, das in der Frauenliteratur als «Krabbenkorb-Phänomen» beschrieben wird.

Einen Korb voller Krabben kann man problemlos ohne Deckel stehen lassen. Kein Tier wird herauskrabbeln, denn wenn eine Krabbe versucht «hochzukommen», wird sie von den anderen wieder heruntergezogen. Ähnlich verhalten sich manche Frauen: Versucht eine «nach oben» zu kommen, bemühen sich ihre Geschlechtsgenossinnen, sie mit aller Macht in der Gruppe zu halten. «Nach oben» – damit muss nicht unbedingt ein höherer Posten auf der Karriereleiter gemeint sein. «Krabbenmäßig» verhalten sich Frauen auch schon bei kleineren Vorwärtsbestrebungen: ein Lob vom Vorgesetzten, eine Weiterbildungsmaßnahme wird genehmigt, eine gute Idee wird umgesetzt ...

Eine Stärke von Frauen ist ihre Beziehungsfähigkeit (siehe auch Gebot Nr. 4). Es ist uns ein Bedürfnis, und wir sind sehr begabt darin, Kontakt zu anderen Menschen herzustellen. Wir quatschen mit der Frau in der Reinigung, wir reden mit dem Getränkehändler über das Wetter, und wir können es nicht ertragen, wenn die neue Kollegin im Nebenzimmer uns abweisend erscheint. Dann setzen wir alles daran, ihr näher zu kommen. Wir wollen die Person herauslocken, wir wollen es nicht nur mit einem Funktionsträger zu tun haben. Ohne persönlichen Kontakt fühlen wir uns unwohl und unsicher.

Alles kein Problem, solange wir unsere Beziehungswünsche am Arbeitsplatz unter Kontrolle haben. Ist das aber nicht der Fall, dann wird das Bedürfnis nach Nähe leicht zum Verhängnis. Weil uns die persönliche Beziehung zu Kolleginnen und Kollegen so wichtig ist, halten wir oftmals die nötige Distanz nicht ein und werden so leichte Beute für Gerüchte, Mobbing, Intrigen.

Wenn Sie Ihre Arbeit gerne tun, wenn Sie jeden Morgen gut gelaunt in die Firma gehen wollen, wenn Sie Ihren Job ungestört erledigen und Ihre Ziele nicht aus den Augen verlieren wollen, dann sollten Sie Ihre Haltung den lieben Kollegen und Kolleginnen gegenüber verändern. Folgende Regeln können Ihnen den Arbeitsalltag erleichtern:

- *Kollegen sind keine Freunde.* Wirklich erfolgreiche Menschen haben oftmals keinerlei persönlichen sozialen Kontakt zu ihren Kollegen und Mitarbeiterinnen. Sie wissen: In der Arbeitswelt geht es nicht um Freundschaft und Beliebtheit, es geht um Anerkennung durch das, was sie tun. Frauen können es sich oft nur schwer vorstellen, dass sie respektiert werden von Menschen, zu denen sie keine persönliche Beziehung haben. Weil sie oftmals kein Vertrauen in die eigene Leistung haben, versuchen sie sich über Beziehungen Sicherheit zu verschaffen. Ganz nach dem Motto: Wer für mich ist, der ist schon mal nicht gegen mich. Doch diese Rechnung geht oftmals nicht auf. Wer einst für sie war, wendet sich abrupt ab, sobald sich die Bedingungen ändern.
- *Hierarchien respektieren.* Dorothea Titze weiß heute, dass sie in der Zusammenarbeit mit ihrer Assistentin von Anfang an einen Fehler begangen hat: «Ich habe so getan, als seien wir beide gleichgestellt.» Hätte sie von vorneherein klar gemacht, dass sie ihrer Assistentin übergeordnet und weisungsbefugt ist, hätte gar keine so enge Freundschaft

zustande kommen können. Dorotheas Demokratieverständnis führte zu überzogenen Erwartungen und Respektlosigkeit bei ihrer Assistentin. Gerade für Frauen ist es unabdingbar, dass sie zu der Position, die sie in der Firma innehaben, wirklich stehen. Es besteht kein Grund, sich «gleicher» zu machen, als man ist. Sind Freundschaften von «gleich zu gleich» schon schwierig, so sollten sie zwischen zwei Hierarchieebenen erst gar nicht geschlossen werden.

Wie Dorothea erliegen viele Frauen der Versuchung, vorhandene Hierarchien durch ihr Verhalten zu «glätten». Sie gehen mit Kollegen und Kolleginnen, denen gegenüber sie weisungsbefugt sind, zum Mittagessen, tauschen private Vertraulichkeiten mit ihnen aus, weihen sie in ihre beruflichen Pläne ein. Damit stellen sie sich mit ihnen auf eine Stufe. Das aber kann auf Dauer nicht gut gehen. Wenn Sie Hierarchieebenen verleugnen, dann entwerten Sie die Macht, die Sie besitzen. Und das hat Folgen: Früher oder später werden die anderen merken, dass die Gleichheit nicht echt ist, sie werden Ihnen Ihr Verhalten nicht danken, sondern sich für die Täuschung rächen – mit eigenen Machtambitionen, mit Intrigen oder Mobbing. Deshalb: Machen Sie klar, wer das Sagen hat. Und erliegen Sie nicht der Versuchung, sich mit untergebenen Kollegen und Kolleginnen zu «verschwistern» oder eng anzufreunden.

- *Distanz wahren.* Das Beispiel von Annalena Koch zeigt, wie gefährlich es sein kann, wenn man Kollegen und Kolleginnen Privates anvertraut. Hätte sie ihrer Kollegin nicht so viel von ihren Eheproblemen erzählt, hätte diese ihr Wissen später nicht als Waffe gegen Annalena einsetzen können. Grundsätzlich gilt am Arbeitsplatz: Reden ist Silber, Schweigen ist Gold. Wir sollten sehr genau überlegen, wem wir was anvertrauen. Und selbst wenn wir glauben, einer Kollegin wirklich alles erzählen zu können, sollten wir uns Zurückhaltung auferlegen. Ob es um die Launen des Chefs oder die Launen des Lebenspartners geht – beides hat im Gespräch mit Kollegen nichts zu suchen. Sie müssen immer damit rechnen, dass sich die Situation am Arbeitsplatz verändern kann, und dann kann im schlimmsten Fall alles, was Sie gesagt haben, gegen Sie verwendet werden.

Distanz halten – das ist vor allem auch dann wichtig, wenn in der Firma die Gerüchteküche brodelt. «Hast du schon gehört, die X soll ein Verhältnis mit dem Y haben!» – so schön Klatsch und Tratsch auch sein mögen, Sie sollten sich nicht daran beteiligen. Amerikanische Psychologen haben festgestellt: Wer über andere schlecht spricht, schadet sich selbst am meisten. Es kommt dann nämlich zu einer «spontanen Eigenschaftsübertragung», was bedeutet: Beschuldigen Sie zum Beispiel eine andere Kollegin der Inkompetenz, laufen Sie Gefahr, dass Ihr Gesprächspartner auch Sie nicht für besonders kompetent hält. Erzählen Sie hinter vorgehaltener Hand, dass der Kollege Y ganz offensichtlich ein Alkoholproblem hat, dann könnte es sein, dass Ihr Zuhörer auch Ihnen ein

Drogenproblem zutraut. Unbewusst übertragen wir Gerüchte auf denjenigen, der sie verbreitet, stellten die amerikanischen Psychologen in ihren Untersuchungen fest. Wenn Sie also respektiert und akzeptiert werden wollen, sollten Sie sich aus Gerüchteküchen fern halten.

Das alles heißt nun nicht, dass wir am Arbeitsplatz nur einsilbig über Berufliches und Unverfängliches sprechen sollten. Natürlich können wir über den Film reden, den wir letztens im Kino gesehen haben (aber dass er Sie und Ihren Partner zu einer heißen Liebesnacht animiert hat, sollten Sie besser nicht erwähnen). Natürlich können Sie Ihre Kollegen und Kolleginnen in Ihre Urlaubspläne einweihen, aber dass es in Ihrer Familie deswegen Streit gibt, geht am Arbeitsplatz niemanden etwas an. Es ist kein Problem, über Arbeitsüberlastung zu stöhnen, aber es könnte ein Problem werden, wenn Sie erwähnen, dass Ihr Vorgesetzter inkompetent und unorganisiert ist. Und wenn es in Ihrer Ehe kriselt, dann ist das kein Thema, das die Arbeitskollegen interessieren sollte. Diese Beispiele zeigen: Kommunikation am Arbeitsplatz ist ein ständiger Balanceakt zwischen Nähe und Distanz. Im Grunde müssen Sie immer wieder neu entscheiden, wie viel Sie preisgeben können, ohne sich verletzbar zu machen. Auf jeden Fall aber sollten Sie es sich mehr als einmal überlegen, ehe Sie eine Kollegin oder einen Kollegen näher an sich heranlassen. Wenn Ihnen an Ihrer beruflichen Zufriedenheit und Ihrem Erfolg viel liegt, dann ist es ratsam, Distanz zu wahren. Das ist die beste Methode, um sich Neider, Intriganten und Mobber vom Leibe zu halten.

IX.

Du sollst eingefahrene Bahnen verlassen

Sie haben ein Ziel vor Augen: Sie wollen gesünder leben. Anders arbeiten. Neue Freunde finden. Ihren Stress reduzieren. Sich trennen. Dieses Ziel ist Ihnen wirklich wichtig, Sie wollen es unbedingt erreichen. Doch alles, was Sie bislang unternommen haben, war nicht sonderlich erfolgreich. Sie haben das Gefühl, sich im Kreise zu drehen. Langsam, aber sicher zweifeln Sie an Ihrer Motivation, aber auch an Ihrer Fähigkeit, Dinge zu verändern. Sie überlegen, ob es nicht sinnvoller wäre, das Ziel aufzustecken.

Tun Sie das nicht! Werfen Sie die Flinte nicht zu früh ins Korn! Wahrscheinlich haben Sie sich nur verrannt. Das ist oft der Fall, wenn wir ein Problem immer wieder durchdenken, das Für und Wider abwägen: Wir sind dabei in der Regel nicht sehr kreativ und originell. Immer wieder kommen dieselben Gedanken, immer wieder gerät man an denselben Punkt. Wollen wir erfolgreich sein, müsssen wir diesen Automatismus durchbrechen. Denn: «Wenn man immer so denkt, wie man immer gedacht hat, wird man auch immer erhalten, was man immer erhielt – dieselben alten Ideen.» So der Kreativitätsexperte Michael Michalko.

Wie aber können wir auf neue Ideen kommen? Im Folgenden will ich Ihnen ein paar Anregungen geben, wie Sie eingefahrene Denkbahnen verlassen können. Das geht nicht auf Knopfdruck, Sie brauchen Geduld und den Willen, neues Denken einzuüben.

- **Neue Ideen durch neues Denken**

Wenn Sie immer nur auf bekannten Wegen spazieren gehen, bekommen Sie auch immer nur dasselbe zu sehen. «Die wahre Entdeckung besteht nicht darin, Neuland zu finden, sondern die Dinge mit neuen Augen zu sehen», meinte der Schriftsteller Marcel Proust. Und vielleicht erinnern Sie sich an den Film *Der Club der toten Dichter*. Darin fordert der begeisterungsfähige Lehrer seine Schüler auf, auf die Bänke zu steigen, um eine andere Perspektive einnehmen zu können. Steigen auch Sie mal «auf die Bank» – Sie werden überrascht sein von den Blicken, die sich auftun. Wie eindrucksvoll ein Perspektivenwechsel sein kann, zeigt folgendes Beispiel.

Sie werden mir sicher zustimmen, dass diese beiden Punktreihen gleich lang sind:

• • • • • • •

• • • • • • •

Gilt das auch für diese beiden Punktreihen?

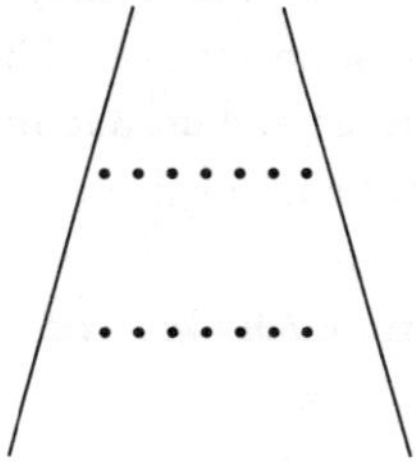

Auch diese Punktreihen sind gleich lang. Doch in unserer Wahrnehmung sind sie das nicht, weil die beiden hinzugefügten Linien uns eine andere Perspektive nahe legen.

Versuchen Sie nun folgende Aufgaben zu lösen:

a) Zwei Männer wollen nahe Koblenz den Rhein überqueren. Ein Boot, das am Ufer liegt, bietet nur Platz für eine Person. Beide Männer überqueren den Rhein in diesem Boot. Wie konnte ihnen das gelingen?
b) Versuchen Sie, diese neun Punkte ohne abzusetzen durch vier gerade Striche miteinander zu verbinden:

Nun, konnten Sie die Aufgabe lösen? Wenn ja, dann sind Sie eine kreative Problemlöserin (oder sind diesen Aufgaben vielleicht in einem anderen Zusammenhang schon mal begegnet). Wenn Sie Schwierigkeiten bei der Lösung haben, geht es Ihnen wie den meisten von uns. Wir sind so gefangen in unserem üblichen Denken, dass uns diese Aufgaben unlösbar erscheinen. Dabei ist die Lösung ganz einfach, wenn wir versuchen, anders zu denken.

Welches Bild entsteht in unserem Köpfen, wenn wir an die beiden Männer denken, die den Rhein überqueren wollen? Mit großer Wahrscheinlichkeit sehen wir sie nebeneinander am Ufer stehen. Mit diesem Bild im Kopf werden wir keine Lösung finden. Wer aber sagt, dass die Männer an der gleichen Uferseite stehen? Stellt man sich vor, dass der eine linksrheinisch, der andere rechtsrheinisch steht, dann funktioniert auch der Transport mit dem Ein-Mann-Boot.

Ähnlich umdenken müssen wir auch, wenn wir die neun Punkte mit vier Strichen ohne abzusetzen verbinden wollen. Das gelingt nur, wenn wir den Rahmen erweitern, das übliche Denken sprengen:

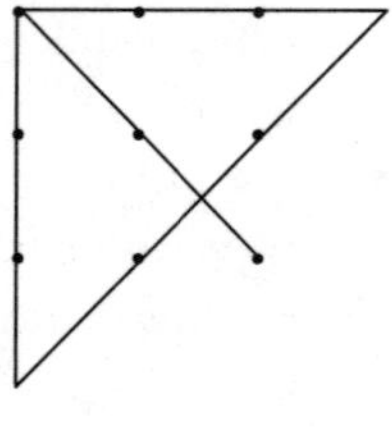

Eingefahrene Denkwege verlassen, das kann oft auch die Lösung sein, wenn wir bei einer Aufgabe oder einem Problem in unserem Leben nicht weiterkommen. Das ist für «Anfängerinnen» nicht ganz einfach, es muss geübt werden. Zum Beispiel mit Hilfe von:

- **Brainstorming**

Der Pädagogikprofessor Olaf-Axel Burow meint: «Voraussetzung für die Entstehung von Neuem scheint in gewissem Maß das Zulassen von intuitiven, scheinbar naiven, chaotischen, querdenkerischen Ideen.» Die Methode des *Brainstorming* kann Ihnen zu solchen Ideen verhelfen. Versuchen Sie – alleine oder mit Hilfe einer vertrauten Person – alle möglichen und unmöglichen Ideen zu Ihrer Thematik zu sammeln. Schreiben Sie auf, was immer Ihnen einfällt. Mag es noch so skurril oder unrealistisch erscheinen.

Damit das Brainstorming funktioniert, müssen Sie als Erstes die Gedanken, die Sie bislang hatten, in die Diaspora schicken. Unbrauchbare Ideen können den Erfolg kosten. Das Gleiche gilt für negative Gedanken wie «Das schaffe ich nie!» oder «Hat ja doch alles keinen Zweck!». Solche Gedanken können zu einer sich selbst erfüllenden Prophezeiung werden. Hören Sie also möglichst auf, überhaupt etwas zu denken. Das gelingt am besten mit Techniken, die Sie in Entspannung versetzen: Yoga, autogenes Training, aber auch leichte sportliche Betätigung kann Ihren Gedankenkreislauf stoppen. Oder malen Sie. Schreiben Sie eine Kurzgeschichte. Wenn Sie ein Musikinstrument beherrschen, spielen Sie. Sobald die alten Gedanken wieder auftauchen, verscheuchen Sie diese. Schaffen Sie immer wieder konsequent Platz in Ihrem Kopf, damit neue Ideen eine Chance haben. Wichtig dabei ist: Zensieren Sie sich nicht. Es gibt keine «blöden», «unrealistischen», «lächerlichen» Gedanken. Akzeptieren Sie, was kommt. Wenn Sie ein wenig Übung in dieser Methode erlangt haben, werden sich neue, bislang ungeahnte und ungedachte Wege auftun.

Eine Künstlerin, die sich inzwischen vor Aufträgen nicht mehr retten kann, hat mir ihre Geschichte erzählt. Sie lehrte Kunsterziehung an Schulen und schuf nebenbei und nur für sich selbst fantasievolle Bilder und Skulpturen. Irgendwann wurde der Wunsch immer stärker, das Hobby zum Beruf zu machen und die Lehrtätigkeit aufzugeben. Lange Zeit schob sie diesen Wunsch von sich, aus – wie es schien – plausiblen Gründen: «Ich werde nichts verkaufen oder zu wenig, um meine Familie zu ernähren. Ich bin nicht begabt genug für eine Karriere als Künstlerin. Das Risiko ist mir zu groß.» Doch der Wunsch ließ sich nicht verdrängen. Irgendwann nahm sie Denkferien, ignorierte alle ängstlichen Gegenargumente und überlegte stattdessen: Wie ließe sich der Wunsch realisieren? Sie lud eine Künstlerin aus dem Nachbarort ein und bat sie, mit ihr gemeinsam nach Lösungen zu suchen. Nach einem langen intensiven Gedankenaustausch wusste sie, wie sie ihren Traum in die Realität umsetzen konnte: Auf Kunsthandwerksmessen konnte sie für sich Werbung machen. Mit einer Mappe, in der ihre bisherigen Arbeiten dokumentiert waren, wollte sie sich bei den Veranstaltern und auch bei Galerien bekannt machen. Und sie wollte ihre pädagogische Erfahrung nutzen und Kindern und Erwachsenen Malunterricht geben. Damit konnte sie sich über Wasser halten, solange sie von ihren Bildern und Skulpturen nicht genug verkaufte.

- **Vertrauen Sie Ihrer Intuition**

Unser Lebenstempo ist heute so schnell, dass wir verlernt haben, uns Zeit zu lassen. Wir essen schnell, kaufen schnell ein, fahren schnell Auto, reden zu schnell, weil wir wissen, dass andere auch keine Zeit haben, und wir denken schnell. Wir haben mit uns selbst keine Geduld, wenn es darum geht, ein Problem zu lösen oder etwas Neues anzupacken. Doch Schnelligkeit alleine führt nicht zum Erfolg. Wichtige Dinge brauchen Zeit. Wir können nicht von heute auf morgen vom Lehrling zum Meister werden. Ausdauer, das habe ich im ersten Gebot ausgeführt, ist ein ganz wesentliches Element des Erfolgs. Wenn Sie nicht vorankommen auf Ihrer Erfolgsstraße, nehmen Sie den Druck raus. Bleiben Sie offen für alles, was passiert, aber zwingen Sie sich nicht, zu einem konkreten Ergebnis kommen zu müssen. Amerikanische Wissenschaftler haben in einer großen Studie viele erfolgreiche Manager nach ihrem Geheimnis gefragt: «Warum hatten Sie Erfolg?» Kaum einer konnte schlüssig begründen, warum er diese oder jene Entscheidung getroffen hatte. Die häufigste Begründung war: «Ich hatte so eine Ahnung.» Manche glaubten sogar, sie hätten die richtige Lösung nur erraten oder ganz einfach nur Glück gehabt. Erfolgreiche

Menschen tun oft «ganz von selbst» das Richtige und können im Nachhinein nicht begründen, warum sie so und nicht anders gehandelt haben. In allen von uns schlummert ein immenser Fundus an Wissen und Können. Wir haben nicht immer ungehindert Zugang dazu. Doch wenn wir uns Zeit lassen und Geduld mit uns selbst haben, dann können wir diesen Wissenspool anzapfen. Dann ergeht es uns wie einem erfahrenen Taxifahrer in einer Großstadt. Wenn ihm der Fahrgast ein Ziel nennt, dann fährt er zwar sofort los, weiß aber oftmals nicht mehr als die grobe Richtung. Er vertraut seiner Erfahrung, die ihm schon rechtzeitig den richtigen Weg weisen wird. Der Taxifahrer wählt also zunächst eine Strecke, von der er weiß, dass sie den Startpunkt mit dem genannten Zielort verbindet: «Ich fahre über die Ringstraße.» Auf dieser Strecke achtet er dann auf Auslöser und Signale, die seine Orientierung genauer machen: «Ah, ich kann abkürzen, wenn ich die Adenauerallee nehme.» Diese Entscheidungen laufen nahezu automatisch und unbewusst ab. Das einmal erworbene Wissen hat der Fahrer parat und kann es, weil er seine Sinne offen hält, mühelos abrufen.

- **Schlüpfen Sie in eine andere Rolle**

Wie das dritte Gebot zeigt, können Frauen erfolgreicher sein, wenn sie manches von Männern lernen. In festgefahrenen Situationen kann es sogar hilfreich sein, in der Fantasie das Geschlecht zu wechseln und das Problem mit den Augen eines Mannes zu betrachten. Der Kreativitätsforscher Michael Michalko schlägt folgendes Experiment vor:

Schließen Sie Ihre Augen und entspannen Sie sich. Stellen Sie sich vor, Sie wären ein Mann und würden folgende Situationen erleben:

Sie treffen – als Mann – auf der Straße zufällig einen männlichen Freund.

Sie treffen – als Mann – auf der Straße zufällig eine Freundin.

Sie sind am Strand und tragen eine Badehose.

Sie befinden sich am Arbeitsplatz und verhandeln mit Kollegen.

Sie sind auf einer Party, flirten und tanzen mit Frauen.

Wie fühlen Sie sich als Mann in diesen Situationen?

Nun stellen Sie sich Ihr Problem vor. Fragen Sie sich: Wie würde ich über meine Lage denken, wenn ich ein Mann wäre? Es ist ratsam, alles aufzuschreiben, was Ihnen dazu einfällt.

Eine weitere Möglichkeit, die Perspektive zu wechseln und neue Ideen zu finden, wäre es, sich andere konkrete Personen vorzustellen. Schreiben Sie Ihr Problem zunächst aus Ihrer Sicht auf. Dann überlegen Sie:

- Wie würde mein Partner dieses Problem formulieren?
- Wie würde sich meine Vorgesetzte ausdrücken?
- Wie würde ein Kind diese Situation darstellen?
- Welchen Satz hätte meine Großmutter aufgeschrieben?
- Wie würde ein Wissenschaftler es formulieren?

Von Genies und großen Meistern mal abgesehen, neigen wir alle dazu, in eingefahrenen Bahnen zu denken. So wie wir es uns nach Büroschluss in unseren ausgebeulten Jogginghosen bequem machen, so richten wir uns auch in unseren gewohnten Denkmustern ein. Das erleichtert uns unseren Alltag, verhilft uns zu Energie sparender Routine. Es wirkt jedoch als Erfolgsbremse, sobald wir etwas Neues wagen und entdecken wollen, was in uns steckt. Um Erfolg zu haben, müssen wir die vertrauten Trampelpfade verlassen und es wagen, uns querfeldein durchzuschlagen.

X.

Du sollst dir zum Motto machen: Weniger ist erfolgreicher

«Frauen, die zu viel lieben». So lautet der Titel eines Buches, das die Autorin Robin Norwood in den 80-er Jahren veröffentlichte und damit einen grandiosen Bestseller landete. Diese Veröffentlichung traf den Nerv vieler Frauen.

Heute müsste der Titel anders lauten: «Frauen, die zu viel arbeiten». Höre ich Frauen zu, dann habe ich längst nicht mehr das Gefühl, dass ihre übergroße Liebesfähigkeit ihnen Probleme macht. Heute gelten die Klagen fast unisono ihrer übergroßen Arbeitsfähigkeit.

Die Telefongespräche mit meiner 400 km entfernt wohnenden Freundin Marga beginnen fast immer folgendermaßen:

Ich: «Hallo Marga, ob dus glaubst oder nicht, ich lebe noch!»

Sie: «Ach je, gerade heute habe ich ständig an dich gedacht und mir vorgenommen, dich endlich mal anzurufen.»

Ich: «Warum hast du so lange nichts von dir hören lassen?»

Sie: «Tut mir Leid, aber ich ersticke mal wieder in Arbeit. Sie haben mir ein neues Projekt aufgehalst, und ich weiß gar nicht mehr, wo mir der Kopf steht.»

Ich: «Du brauchst mir gar nichts zu erklären, mir geht es doch genauso. Du glaubst gar nicht, was alles in letzter Zeit so los war . . .»

Und dann beklagen wir uns, wie übel «man» uns doch mitspielt, dass wir wieder mal nicht «Nein» sagen konnten, dass es so wirklich nicht mehr weitergehen kann, denn schließlich bleibt ja alles andere auf der Strecke («Wann haben wir uns zum letzten Mal gesehen?»). Zum Schluss nehmen wir uns dann immer gegenseitig das Versprechen ab, dass wir «demnächst» etwas verändern wollen. Allerdings: Das Projekt XY muss erst erledigt werden.

Raten Sie, wie oft wir uns dieses Versprechen schon gegeben haben! Richtig, unzählige Male. Marga und ich sind keine Ausnahmen. Überall begegnen mir Frauen, die ganz offensichtlich getrieben sind von einer ganz besonderen Angst: der Angst, nicht fleißig genug zu sein. Wie zum Beispiel jene junge Frau, die mit mir zusammen ein Weiterbildungsseminar besuchte. Zu Beginn wurden wir vom Seminarleiter aufgefordert, uns anhand vorgegebener Fragen den anderen vorzustellen: Warum bin ich hier? Was möchte ich erreichen? Und schließlich sollten wir einen Satz ergänzen: «Was niemand von mir erwarten würde . . .» Die junge Frau ergänzte: «. . . dass ich faul bin.» Das aber war wirklich das Allerletzte, was man von ihr erwartet hätte, denn zuvor hatte sie uns aufgezählt, wie ihr Alltag aussah: Als Mutter von zwei Schulkindern, Personalentwicklerin in einer großen Firma und ehrenamtliche Handballtrainerin der Jugendmannschaft ihres Heimatortes war sie alles andere als untätig. Auf die Idee, dass sie faul sein könnte, wären wir niemals gekommen.

In gewisser Weise aber schien mir diese junge Frau typisch für viele von uns zu sein: Wir glauben, wir könnten als faul gelten, wenn wir nicht leisten, leisten, leisten. Dabei reicht es uns nicht, einfach nur gut zu sein. Gut ist nicht gut genug. Wir wollen perfekt sein, wir wollen noch mehr auf unsere Schultern laden, nur um zu zeigen: Schaut her, auch das schaffe ich! Viele von uns befinden sich in einer regelrechten Sklaverei: Sie sind Sklaven ihres Leistungsdrucks, den sie nicht nur im beruflichen Kontext, sondern auch in vielen, wenn nicht allen anderen Bereichen ihres Lebens verspüren. Ob es um Kindererziehung oder Fitness geht, um einen sauberen Haushalt oder Kochkünste, um ein perfekt organisiertes Meeting in der Firma oder eine gelungene Party – wir geben immer unser Bestes. Erfolg heißt für viele Frauen: «Ich habe mal wieder alles geschafft.» Wie und für welchen Preis dieser Erfolg errungen wurde, danach fragen wir nicht.

Zugegeben: Sich selbst innerlich auf die Schultern klopfen zu können tut gut. Ich kenne das Gefühl, aber ich weiß auch, dass es nicht sehr lange anhält. Lob in eigener Sache erreicht schnell das Verfallsdatum. Dann gilt es wieder die Ärmel hochkrempeln und es sich nur ja nicht in der Hängematte bequem machen. Wir beklagen uns zwar alle, nicht genügend Zeit zu haben, aber wir meinen meist damit: Wir haben nicht genug Zeit, noch mehr zu leisten. Wie der Teufel das Weihwasser scheinen wir jene Zeit zu meiden, die «freie» Zeit ist, in der keine Pflichten erfüllt und keine Aufgaben erledigt werden müssen. Manchmal gestehen wir einander, dass wir am Abend «völlig untätig» vor der Glotze gesessen und irgendeinen Blödsinn geguckt haben: «Ich war einfach zu müde für was anderes», entschuldigen wir uns dann, und fast scheint es, als ob fernsehen etwas Obszönes sei. Und in gewisser Weise empfinden wir das wohl auch so: Nichts Sinnvolles zu tun, nicht wenigstens zu bügeln, während der Fernseher läuft, das ist Zeitverschwendung.

Warum tun wir das? Warum hetzen wir durch unser Leben, als seien wir auf der Flucht? Wir haben Gründe. Gründe, die mit uns persönlich zu tun haben. Und Gründe, die mit unserer Vorstellung von Erfolg zu tun haben.

Persönliche Gründe: Wenn wir unsere Tage (und oftmals auch Nächte) mit Arbeit und Aktivität zuschütten, dann ist das eine gute Methode, um nicht nachdenken zu müssen. Mag sein, dass da das eine oder andere Problem auf eine Lösung wartet – aber leider, leider haben wir im Moment keine Zeit, uns darum zu kümmern. Später, wenn wir diese und jene Aufgabe erledigt haben, dann werden wir in Ruhe darüber nachdenken, was aus unserer Ehe geworden ist, warum uns in Gegenwart von Freundin Bette immer so unwohl wird oder ob es wirklich in Ordnung ist, dass wir zur letzten Abteilungskonferenz nicht eingeladen worden sind. Später, jetzt nicht. Zu viel arbeiten kann bedeuten: Wir drücken uns vor etwas. Wir haben vielleicht Angst, uns einen Aspekt unseres Lebens genauer anzuschauen. Wir fürchten, etwas ändern zu müssen. Die Vorstellung, weniger zu arbeiten, weckt deshalb bei vielen Überarbeiteten heftigen Widerstand. Weniger Arbeit bedeutet mehr Freiheit. Was aber fängt man mit der an? Arbeit kann daher eine Flucht vor zu viel Freiheit sein, vor zu viel Spielraum für die eigenen Gedanken, Wünsche und Hoffnungen.

Frauen, die zu viel arbeiten, drücken sich möglicherweise davor, Verantwortung für ihr Leben zu übernehmen. Eine 49-jährige Geschäftsfrau aus meinem Bekanntenkreis ist dafür ein Paradebeispiel: Zusammen mit ihrem Mann hat sie ein Elektrogeschäft aufgebaut, steht von früh bis spät im Laden und kümmert sich zusätzlich noch um den fünfjährigen Sohn ihrer Tochter: «Damit die berufstätig sein kann.» Wenn das Geschäft und wenn vor allem der Junge nicht wäre, dann würde sie gerne in ihren gelernten Beruf zurückkehren: Floristin. Aber das geht ja leider nicht ... Geht es wirklich nicht? Könnte die Arbeit im Laden nicht auch jemand anderer machen? Gäbe es keine andere Lösung für ihren Enkel? Überlegungen wie diese lässt die Geschäftsfrau gar nicht erst zu. Sie könnte ja auf «dumme Gedanken» kommen ...

Wenn auch Sie «vor lauter Arbeit» nicht dazu kommen, das zu tun, woran Ihr Herz eigentlich hängt, dann sollten Sie Folgendes prüfen: Schützt mich meine Arbeit vielleicht davor, Veränderungen in meinem Leben einzuleiten, die meine gewohnte Ordnung durcheinander bringen würden? Bin ich vielleicht zu feige, um meinen Bedürfnissen gemäß zu leben? Traue ich es mir nicht zu, einen Neuanfang zu wagen?

Gesellschaftliche Gründe: Eine andere Erklärung, warum wir glauben, nicht lockerlassen zu können, liegt in unserer jüngsten Geschichte. Wir arbeiten hart und wollen durch unsere Leistungen Anerkennung erfahren. Wir haben an der Generation unserer Mütter und Großmütter gesehen, wie abhängig und unselbständig ein Leben ohne berufliches Engagement sein kann. Wir wollen nicht «umsonst» unsere Berufsausbildung, unser Studium abgeschlossen haben. Wir wollen die Früchte unserer Anstrengungen ernten. Beruflich erfolgreich zu sein, das war für viele der heute etwa 50-jährigen Frauen «das» Ticket, mit dem sie der traditionellen Frauenrolle entkommen konnten. Mehr oder weniger bewusst haben sie diese Botschaft auch an die jüngeren Frauen weitergegeben. Weniger arbeiten, nachlassen in der Leistung ist deshalb für viele Frauen gleichbedeutend mit Versagen, Kapitulation und der Gefahr, zurückzufallen in die alte Rolle. «Ich würde gerne nur vier Tage die Woche arbeiten. Aber ich habe Angst, dass meine Familie dann von mir erwartet, dass ich wieder ganz alleine für die Hausarbeit verantwortlich bin. So nach dem Motto: Wenn du jetzt freitags zu Hause bist, dann kannst du ja einkaufen», erzählt eine Kollegin, die nach einem beruflich bedingten Hörsturz erkannte, dass sie besser auf sich achten musste.

Persönliche wie gesellschaftliche Gründe können eine gefährliche Dynamik entfalten. Wir können uns nicht vorstellen, den Pfad der Leistung zu verlassen, ja, oftmals fehlt uns sogar die Fantasie, uns ein langsameres Tempo vorzustellen. Wir setzen Schnelligkeit und Hektik mit Erfolg gleich. Getrieben wie von einem inneren Dämon hetzen wir auf dem einmal eingeschlagenen Weg – und haben längst das Ziel aus den Augen verloren.

Wenn wir den Dämon nicht zügeln, werden uns irgendwann eine Krankheit, eine totale Erschöpfung (*burnout* oder das Chronische Müdigkeitssyndrom sind typische Krankheiten unserer Zeit) oder entnervte Mitmenschen stoppen. Dann aber ist es oftmals zu spät: Dann ist die Gesundheit zerstört, sind Beziehungen zerrüttet. So weit aber muss es nicht kommen. Stoppen Sie sich frühzeitig selbst. Werden Sie erfolgreich, indem Sie weniger erfolgreich sind. Oder anders ausgedrückt: Sehen Sie es nicht länger als Erfolg an, vieles schnell und perfekt erledigen zu können. Was ist erfolgreich an einer Person, die von einem Termin zum anderen, von einer Aufgabe zur anderen hetzt – ohne Sinn und Verstand? Was ist bewundernswert an einem Menschen, dem keine Zeit mehr bleibt für die wesentlichen Dinge in seinem Leben? Können wir Respekt vor einem Menschen haben, der sich ausschließlich über Leistung definiert?

Prüfen Sie, ob es auch für Sie Zeit ist, einen Gang runterzuschalten. Erkennen Sie rechtzeitig die Warnzeichen:

1. Immer häufiger beginnen Ihre Gespräche mit Freundinnen oder Verwandten so: «Entschuldige, dass ich mich nicht früher gemeldet habe. Aber ich hatte in letzter Zeit wirklich tierisch viel zu tun.»
2. Erschöpfung ist Ihr ständiger Begleiter. Sie wissen schon gar nicht mehr, wie es sich anfühlt, ausgeschlafen und voller Tatendrang zu sein.

3. Wenn andere sich über die neuesten Romane unterhalten, können Sie nur sagen: «Ich komme überhaupt nicht mehr zum Lesen. Ich bin schon froh, wenn ich Zeit finde, die Tageszeitung durchzublättern.»
4. Sie beruhigen sich selbst: «Im nächsten Monat wird alles besser», «Wenn Projekt X abgeschlossen ist, habe ich auch wieder mehr Zeit».
5. Ihre Arbeit bereitet Ihnen keine Freude mehr. Vor allem an Montagen fällt Ihnen auf, wie schwer Sie «in die Gänge» kommen.
6. Sie leisten viel, und Ihnen gelingt viel. Doch Lob und Anerkennung perlen an Ihnen ab. Sie können sich nicht über Ihre Erfolge freuen.
7. Sie geben zu viel, Geld für Unnützes aus, weil Sie glauben, Sie hätten eine Belohnung verdient.
8. Sie können sich nicht erinnern, wann Sie zum letzten Mal eine Nacht mit Freunden durchgemacht oder Zeit nur für sich gehabt haben.
9. Sie sind unheimlich schnell auf die Palme zu bringen. Ihre Nerven liegen blank.
10. Sie haben das Gefühl, in einem Gefängnis zu leben.

Wenn nur eines dieser zehn Warnzeichen auf Sie zutrifft, sollten Sie hellhörig werden. Nicken Sie gar bei mehreren zustimmend, dann sollten Sie das Tempo drosseln.

Wie können Sie einen Gang zurückschalten? Hierzu ein paar Ideen: *Bleiben Sie bei Ihren Leisten.* Das bedeutet: Wenn Ihre berufliche Situation Sie befriedigt, wenn Sie Freude haben an dem, was Sie tun, dann sollten Sie sich im Neinsagen üben. Sagen Sie NEIN zur nächsten Beförderung, die mehr Verantwortung, aber auch mehr Überstunden bedeutet. Sagen Sie NEIN zum spannenden, aber zeitintensiven Projekt, mit dem Sie im Betrieb Ehre einlegen können, das Ihr Privatleben aber auf null setzt. Sagen Sie NEIN zum Posten im örtlichen Gemeinderat, den man Ihnen anbietet, weil Sie «so gut überzeugen können». Sagen Sie NEIN zum wichtigen Amt der Elternsprecherin, für das Sie freie Abende opfern müssten. Kurz: Lehnen Sie ab, was zwar viel Ehre bedeutet, was aber überhaupt nicht in Ihre Pläne passt oder wenig zu tun hat mit Ihren Vorhaben und Zielen.

Vor kurzem diskutierte ich mit Kolleginnen, wie es wohl kommt, dass es so wenig weibliche Führungskräfte gibt. Nachdem wir die üblichen Mutmaßungen angestellt hatten – Frauen werden von den Männern nicht nach oben gelassen; Frauen sind durch Kinder gehandicapt –, meldete sich eine Kollegin zu Wort, die bislang schweigend zugehört hatte. «Mag ja alles stimmen», räumte sie ein. «Aber es gibt auch andere Gründe. Nehmt mich: Mir hat man vor einiger Zeit einen leitenden Posten angeboten.» Erstaunt horchten wir auf: «Ja, und ...?» «Ich wollte den Job nicht», antwortete lapidar die Kollegin. Ein Aufschrei ging durch unsere Gruppe: «Wieso denn das?» «Bist du noch zu retten?» Als sich die Aufregung gelegt hatte, erklärte die Kollegin uns ihre Entscheidung. Sie machte uns klar, dass sie viel Freude an ihrer jetzigen Tätigkeit habe: Hier konnte sie ihre Ideen verwirklichen, hatte Kontakt mit anderen Menschen, konnte im Team arbeiten. Hätte sie die Beförderung angenommen, wären die Inhalte, die ihr Spaß machen, in den Hintergrund getreten. «Stattdessen müsste ich in zahllosen Konferenzen sitzen, ich müsste mich mit Marketing- und Vertriebsfragen herumschlagen, alles Inhalte, die mich langweilen. Warum soll ich mir das antun? Nur für das bisschen Macht? Dafür bin ich mir zu schade.»

Dies ist ein gutes Beispiel dafür, wie eine Frau konsequent bei «ihren Leisten» bleiben und ihren Weg gehen kann. Wenn eine Frau weiß, was sie wirklich befriedigt, ist sie immun gegen die Erwartungen anderer. Es ist ihr gleichgültig, was andere über sie denken mögen. Sie braucht keine äußeren Belohnungen wie eine Beförderung oder mehr Gehalt. Für sie ist es der größte Erfolg, wenn die Arbeit ihr Freude bereitet, wenn sie Spaß hat an dem, was sie tut, und an den Menschen, die ihr bei ihrer Arbeit begegnen. Dafür nimmt sie gerne in Kauf, dass ihr andere möglicherweise mangelnden Ehrgeiz vorwerfen oder Angst vor dem Erfolg. Erfolg hat sie genug – nur ist der vielleicht nicht so sichtbar, weil er auf die typischen Erfolgsinsignien verzichtet. Wer es wagt, das Erfolgsspiel nach seinen eigenen Regeln zu spielen, macht sich frei von dem «immer mehr, immer besser, immer höher»-Gebot. Menschen, die es wagen, im besten Sinn des Wortes «bei ihren Leisten» zu bleiben, haben Kontrolle über ihr Leben. Sie erlauben nicht, dass andere sie kontrollieren. Frauen, die zu viel arbeiten, fühlen sich erst dann erfolgreich, wenn sie die Erwartungen anderer erfüllen. Doch das ist ein Erfolg, der auf wackeligen Füßen steht. Wirklich erfolgreich sind die, die es schaffen, ihre Arbeitsleistung an ihren – und nur an ihren – Maßstäben zu messen.

Eine andere Möglichkeit, einen Gang runterzuschalten, ist, *die Karriereleiter nicht immer weiter nach oben zu klettern,* sondern ganz bewusst ein oder zwei Schritte nach unten zu gehen. Das ist in unserer leistungsorientierten Gesellschaft ein ungeheuerlicher Gedanke: Freiwillig auf erobertes Terrain verzichten? Freiwillig auf Einkommen verzichten? Freiwillig sich mit geringerem Ansehen zufrieden geben? – Warum eigentlich nicht?

Das dachte sich auch die 43-jährige Ute, die als Direktionssekretärin bei einer Bank kaum einen Abend vor 20 Uhr nach Hause kam. Irgendwann wurde ihr klar: «Wenn ich so weitermache, wird mein Leben vorbei sein, ehe ich richtig gelebt habe.» Als sie erfuhr, dass in ihrem Hause in der Wertpapierabteilung eine Sachbearbeiterin für eine Dreiviertelstelle gesucht wurde, bewarb sie sich. Und wäre fast nicht genommen worden: «Die Leute waren anfangs sehr misstrauisch. Ihnen war nicht geheuer, dass ich freiwillig auf Gehalt und Ansehen verzichten wollte. Sie konnten meine Motive erst nach langen Erklärungen akzeptieren. Ich glaube nicht, dass sie mich wirklich verstanden haben», erzählt Ute. Heute ist sie ein viel ausgeglichenerer Mensch und findet endlich Zeit für ihre Leidenschaft – das Yoga.

Die dritte Möglichkeit, auf die Bremse zu steigen und anders zu arbeiten, ist, *sich innerhalb des eigenen Berufes zu verändern.* Wie das gehen kann, lässt sich am besten an einem Beispiel verdeutlichen: Anke war bereits mit 35 Jahren eine anerkannte, erfolgreiche Scheidungsanwältin. Ihre steile Karriere hatte noch längst nicht den Höhepunkt erreicht, als ihr klar wurde: Das ist es nicht, was ich wollte. Eigentlich hatte sie diesen Beruf gewählt, weil «ich so eine soziale Ader habe, ich wollte mit Menschen arbeiten und ihnen helfen». Um Unterhalt und Sorgerecht zu kämpfen, das hatte mit ihren ursprünglichen Zielen wenig zu tun. Eines Tages stieß sie auf die Stellenanzeige einer Umweltorganisation – jetzt berät sie diese in juristischen Fragen. Anke ist immer noch Anwältin, aber endlich arbeitet sie mit einer Materie, die sie selbst als sinnvoll erachtet. Manchmal ertappt sie sich dabei, dass sie schon wieder so viel arbeitet wie früher. Nur, diesmal macht es ihr wirklich Spaß. Sie weiß, dass sie es so gewollt hat. Dass sie viel weniger Geld verdient, macht ihr nichts aus. «In meinem vorherigen Gehalt war viel Schmerzensgeld enthalten – das brauche ich jetzt nicht mehr.»

Wenn Sie es satt haben, tagein, tagaus wie die Maus im Laufrad zu schuften, müssen Sie eines bedenken: Nur Sie selbst können sich die Erlaubnis geben, diese Situation zu verändern. Von anderen werden Sie diese Erlaubnis nicht bekommen. Warum auch: Ihre Umgebung profitiert ja von Ihrem Leistungswillen. Warten Sie also nicht auf eine gute Fee, die irgendwann einfühlsam sagt: «Kind, mach mal Pause. Ich erlaube es dir!» Sie müssen schon selbst gut zu sich sein und sich Ihren Wunsch «Wenn ich nur mehr Zeit hätte ...» selbst erfüllen. Wenn Sie sich die Erlaubnis gegeben haben, machen Sie sich auf Unruhe und ein schlechtes Gewissen gefasst. «Ich sollte»-, «ich könnte»-, «ich müsste»-Gedanken werden wie wild durch Ihr Gehirn wirbeln. Achten Sie nicht darauf. Widerstehen Sie der Versuchung, die gewonnene Zeit durch «sinnvolle» Aktivitäten (jetzt könnte ich schnell mal den Rasen mähen, mich aufs Fitnessfahrrad setzen ...) zu füllen. Üben Sie sich in der Kunst, die gewonnene Zeit ausschliesslich für sich selbst zu nutzen. Gönnen Sie sich mehr Schlaf, lesen Sie die Bücher, die Sie vor langer Zeit gekauft, aber niemals gelesen haben, besuchen Sie einen Kurs übers Rosenzüchten, kurz: Machen Sie doch, was Sie wollen! Wenn Sie merken, dass Sie wieder in den alten Trott zurückfallen, helfen Sie sich über solche Anfechtungen mit einem «Faulheitsmantra» hinweg. Ich verrate Ihnen, wie meines heißt: «Das habe ich mir verdient.»

Schluss

Werde Gärtnerin!

Ein Interview

Katharina N. sitzt in eine taubenblaue Stola eingehüllt auf der verschlissenen Ledercouch und blickt mich mit wachen Augen interessiert an. Am Telefon hatte sie mir gesagt: «Kommen Sie am Nachmittag. Das ist meine beste Zeit. Dann habe ich meinen Mittagsschlaf hinter mir und bin ausgeruht.» Nun sitze ich ihr bei einer Tasse Tee und englischem Gebäck gegenüber und muss ihr Recht geben: Sie sieht hellwach und frisch aus. Überhaupt nicht wie 90. «Also, dann fangen wir an», sage ich und schalte mein Tonbandgerät ein. «Ich möchte gerne von Ihnen erfahren: Was war der größte Erfolg in Ihrem Leben?»

Sie lacht. «Haben Sie es nicht eine Nummer kleiner? Der größte Erfolg! Als ob es darauf eine eindeutige Antwort gäbe!» Ich sage nichts darauf, gebe ihr Zeit zum Nachdenken. Man sieht ihr an, dass es in ihr arbeitet. Wahrscheinlich lässt sie die vielen gelebten Jahre im Zeitraffer an sich vorbeiziehen. Minuten vergehen. Schließlich spricht sie wieder. «Ich könnte es mir leicht machen und sagen, der größte Erfolg meines Lebens seien die Früchte meiner Arbeit. Dass ich vor zahlreichen Menschen Vorträge halten durfte, dass ich Bücher veröffentlicht habe, dass ich heute im Alter nicht

Not leiden muss. Und natürlich ist es auch ein Erfolg, dass ich geliebt worden bin und lieben durfte. Ich bin stolz auf all das. Aber war das wirklich mein größter Erfolg?» Sie nimmt einen Keks und nagt nachdenklich eine kleine Ecke ab.

«Ich denke, Sie waren sehr erfolgreich», eile ich ihr zu Hilfe und will ein paar Stationen ihres Berufslebens aufzählen. Doch sie hebt abwehrend die Hand.

«Ja, ja, so mancher würde das als Erfolg bezeichnen. Für mich aber ist Erfolg etwas anderes, vor allem, wenn Sie nach dem größten Erfolg fragen.» Wieder knabbert sie an ihrem Gebäck, trinkt langsam einen Schluck Tee. Vorsichtig stellt sie die Schale aus dünnem Porzellan ab, zögert einen Moment und erhebt sich dann mühsam. «Kommen Sie, ich will Ihnen meinen größten Erfolg zeigen.» Katharina N. nimmt ihren Gehstock und geht mir voran in ihren kleinen, etwas verwilderten Garten. Ihre ganze Sorgfalt, das fällt sofort ins Auge, lässt sie ihren Rosensträuchern zukommen. Und dorthin führt sie mich auch. «Hier sehen Sie ihn, meinen größten Erfolg.» Mit einer ausholenden Handbewegung zeigt sie auf ihre Rosen. «Ich hätte früher nie gedacht, dass ich die Geduld für so etwas aufbringen könnte.» Fast zärtlich umhüllt sie mit ihrer Hand eine blassrosa Blüte.

Rosen, ihr größter Erfolg? Sie muss meine Enttäuschung spüren, denn sie hakt sich bei mir unter und sagt: «Ich muss Ihnen das wohl genauer erklären.» Langsam gehen wir zwischen ihren Rosenstauden auf und ab.

«Es gibt ein chinesisches Sprichwort, das sagt: ‹Wenn du für eine Stunde glücklich sein willst, betrinke dich. Willst du drei Tage glücklich sein, dann heirate. Wenn du aber für immer glücklich sein willst, werde Gärtner.› Und auch Voltaire empfiehlt als Gegenrezept gegen eine chaotische, unübersichtliche Welt: ‹Man muss sich um seinen Garten kümmern.› Ich kann aus eigener Erfahrung sagen: Da ist viel Wahres dran. Seit ich diesen Garten habe, bin ich ein anderer Mensch. Ich habe mich entwickelt, gut entwickelt. Seit ich Rosen züchte, bin ich wirklich glücklich. Diese Blumen sind so schön, es ist eine Freude, sie zu betrachten. Ich kann sie wachsen sehen, bekomme die Rhythmen der Natur mit, bewege mich regelmäßig in der frischen Luft, habe eine Aufgabe, die mich wirklich begeistert. Und durch mein Interesse habe ich auch eine Reihe von Menschen kennen gelernt, mit denen ich in regem Austausch stehe. Auch übers Internet!» Sie sieht mich mit blitzenden Augen an, und ich kann mir unschwer ausmalen, was sie jetzt denkt: ‹Das hättest du mir alten Frau nicht zugetraut, dass ich mit den neuen Techniken klarkomme.›

Früher, so erzählt Katharina weiter, sei sie eine tüchtige, fast perfektionistische Frau gewesen. Sie habe unendlich viel geleistet und gearbeitet. Ja, Arbeit sei ein wesentlicher Teil ihres Lebens gewesen. Dazu stehe sie auch heute noch. «Es hat Spaß gemacht.» Wie auch die langjährige, innige Beziehung zu ihrem Mann ein Glücksfall gewesen sei. «Ist schließlich heutzutage gar nicht mehr so einfach, über lange Jahre miteinander gut zu leben.» Doch bei alledem hätte sie immer das Gefühl gehabt, dass etwas fehlt. «Heute weiß ich, was das war: Lang andauernde Zufriedenheit, Ausgeglichenheit und Zeit.» Auf sie hätte zugetroffen, meint Katharina, was Blaise Pascal einmal geschrieben hat: «Wir leben nicht, wir *hoffen,* irgendwann einmal zu leben.» Erst in den letzten Jahrzehnten habe sie weniger gehofft und dafür mehr gelebt.

Heißt das, man muss erst alt werden, aus der Tretmühle des Alltags heraus sein und einen Garten besitzen, um sich als erfolgreich bezeichnen zu können? Katharina lässt abrupt meinen Arm los: «Da hätten Sie mich aber ganz falsch verstanden! Mein Rosengarten ist *für mich* ein großer Erfolg. *Für mich* symbolisieren diese Blumen vieles: dass ich zu mir gefunden habe, dass ich inneren Frieden spüre, dass ich mein Interesse mit anderen teilen kann ... Andere Menschen haben andere Erfolge. Das muss jeder und jede für sich selbst beantworten.» Die alte Frau nimmt wieder meinen Arm, stützt sich schwer darauf, und wir gehen langsam ins Haus zurück.

Ich merke, Katharina ist erschöpft. Es wird Zeit, das Gespräch zu beenden. Als ich die Haustür hinter mir zuziehe, ist sie bereits auf dem Sofa eingenickt.

Dieses Interview fand nie statt. Ich habe es erfunden. Katharina N., das bin ich mit 90 Jahren. Falls ich so alt werden sollte, liegen noch 43 Jahre vor mir. Diese will ich nutzen, damit ich, sollte mich jemand in vielen Jahren tatsächlich nach meinem größten Erfolg fragen, antworten kann wie Katharina. Für mich wäre es wirklich ein unvergleichlicher Erfolg, wenn ich im Einklang mit mir selbst alt werden könnte. Mit oder ohne Rosen.

Führen Sie doch auch einmal ein Interview mit der alten Dame, die Sie einmal sein werden. Die Antworten werden Sie erstaunen.

Literatur

Dorothea Assig: Allein unter Frauen lernt es sich besser. In: Psychologie Heute-Compact, Heft 5, 2000

Olaf-Axel Burow: Die Individualisierungsfalle. Kreativität gibt es nur im Plural. Klett-Cotta 1999

Georg Franck: Ökonomie der Aufmerksamkeit. Hanser 1998

Daniel Goleman: Emotionale Intelligenz. Hanser 1996

Michael Michalko: Cracking Creativity. Ten Speed Press 1998

Hans Dieter Mummendey: Psychologie der Selbstdarstellung. Hogrefe 1995

Eleri Sampson: 30 Minuten für die überzeugende Selbstdarstellung. Gabel 2000

Astrid Schütz: Psychologie des Selbstwertgefühls. Von Selbstakzeptanz bis Arroganz. Kohlhammer 2000

Robert Sternberg: Erfolgsintelligenz. Lichtenberg 1988

Rolf Wunderer, Petra Dick: Frauen im Management. Luchterhand 1997

Ursula Nuber, geboren 1954 in München, studierte Psychologie. Seit 1983 Redakteurin bei *«Psychologie heute»*, seit 1996 stellvertretende Chefredakteurin. Sie arbeitet in eigener Praxis als Beraterin und Coach. Ursula Nuber ist verheiratet und lebt in der Nähe von Heidelberg.

Buchveröffentlichungen: «Depression – Die verkannte Krankheit» (1991), «Die Egoismusfalle» (1993), «Der Mythos vom frühen Trauma» (1995), «Schöner werden wir morgen» (1997), «10 Gebote für starke Frauen» (1999), «10 Gebote für gelassene Frauen» (2000), «10 Gebote für anspruchsvolle Frauen» (2001).